KB212414

문학에 답하는 예수로 수다떨기

문답예수

문학에 답하는 예수로 수다떨기

문답예수

초판 1쇄 인쇄 2018년 6월 2일
초판 1쇄 발행 2018년 6월 8일

글 최혜정 · **그림** 심하늘

펴낸이   강기원
펴낸곳   도서출판 이비컴

편 집   조선화
표 지   윤&조 디자인
마케팅   박선왜, 원보국

주 소   (02635) 서울 동대문구 천호대로81길 23, 201호
전 화   02-2254-0658   **팩스** 02-2254-0634
등록번호   제6-0596호(2002.4.9)
전자우편   bookbee@naver.com
I S B N   978-89-6245-152-8   (03230)

「이 도서의 국립중앙도서관 출판예정도서목록(CIP)은 서지정보유통지원시스템 홈페이지
(http://seoji.nl.go.kr)와 국가자료공동목록시스템(http://www.nl.go.kr/kolisnet)에서
이용하실 수 있습니다.(CIP제어번호: CIP2018013960」

문학에 답하는 예수로 수다떨기

문 답 예 수

최혜정 글 ┊ 심하늘 그림

이비락 樂

하나님의 음성을 듣는 채널

하나님이 어떤 분이신가 하는 것은 쉽게 말할 수 있는 문제가 아닙니다. 하나님은 인간의 지식이나 언어로 정리될 수 있는 분이 아니기 때문입니다. 단지 우리는 성경에 계시된 하나님에 대하여서만 증언할 수 있는 것이지요. 성경에 계시된 하나님의 모습 가운데 대표적인 것이 하나님은 말씀하시는 분이라는 사실입니다. 하나님은 우주만물을 말씀으로 창조하셨고, 말씀으로 자신의 뜻을 알리셨습니다. 그리고 구주 예수 그리스도께서 말씀으로 이 세상에 오셨습니다.

하나님의 말씀에는 매우 폭 넓고 다양한 교훈들이 들어 있습니다. 그 안에는 구원의 길과 올바른 신앙의 길은 물론 세상의 이치와 가치 있는 인생의 길도 담겨 있습니다. 그런데 우리가 알아야 할 것은 하나님께서는 여러 채널을 통해 말씀하신다는 사실입니다. 물론 하나님은 성경을 통해서 말씀하십니다. 그러나 성경 뿐 아니라 자연을 통해서, 역사를 통해서, 하나님이 쓰시는 사람의 생애를 통해서도 말씀하십니다. 그리고 문학작품과 예술작품을 통해서도 말씀하십니다. 그러므로 우리는 조금만 정성을 들여 마음의 귀를 기울이면 여러 채널을 통해 말씀하시는 하나님의 음성을 들을 수 있는 것입니다.

'문답예수(문학에 답하는 예수로 수다 떨기)'라는 재미있는 제목의 이 책은 교회에서 청소년들을 지도하는 선생님이 오랜 시간 주일학교 교사로서 아이들과 함께 했던 시간들을 곱씹어 보며 하고 싶은 말들을 담아낸 책입니다. 저자는 이 책을 통해서 문학을 읽으면서도 삶을 지배하시는 하나님의 섭리에 대하여 이야기 할 수 있다는 것을 보여주고 싶었답니다. 그렇다고 문학적 사유의 깊이도 결코 얇지 않습니다. 두 마리 토끼를 잡은 셈입니다.

저자는 지난 2016년 『나는 문학으로 생각한다』(공저)라는 책도 펴냈습니다. 저는 그 책을 읽으면서 얼마나 행복했는지 모릅니다. 그 책을 통해서 문학을 읽고 무엇을 어떻게 생각해야 하는지를 알게 되었습니다. 삶의 여러 가지 귀한 교훈들을 깨달을 수 있었으며, 저 자신만의 해석과 교훈을 만들어 낼 수 있었습니다. 그래서 저와 독서모임을 함께하는 목사님들에게도 적극 추천하였고, 좋은 책을 추천해 주어서 고맙다는 말을 많이 들었습니다.

이번에 펴낸 '문답예수'도 설레는 마음으로 읽었습니다. 우리는 문학작품을 읽으면서도 작품 속에 있는 귀한 보물을 캐내지 못한 채 책을 덮는 경우가 많습니다. 그 보물은 바로 문학을 통해 말씀하시는 하나님의 섭리입니다. 물론 문학 속에서 인생의 여러 가지 교훈을 찾아낼 수 있습니다. 하지만 한걸음 더 다가가서 믿음의 눈으로 들여다보면 문학을 통해 말씀하시는 하나님의 섭리도 발견할 수 있는 것입니다. 이 책은 바로 그러한 길을 안내해주는 길잡이 입니다.

신앙의 문제로 갈등을 피하기 어려운 크리스천 청소년들은 이 책을 통해서 신앙에 대하여 깊이있게 생각하는 법을 배울 수 있고, 신앙에 대하여 어떻게 고민해야 하는지도 배울 수 있을 것입니다. 물론 어느 정도 해답도 발견할 수 있을 것이구요. 특히 이 책은 문학작품에서 찾아낼 수 있는 성서적 교훈들을 청소년들이 보다 쉽게 이해할 수 있도록 '쉬운성경'의 말씀으로 제시해주고 있습니다. '나도 수다'라는 코너를 통해서는 자기 스스로 생각한 것을 표현할 수 있게 했으며, 그것을 친구들과 나눌 수 있게도 했습니다. 그래서 이 책은 크리스천 청소년들이 읽고 세상을 향하여 나아가 정면승부 할 수 있는 자신감과 용기를 주기에 충분하다고 생각합니다. 크리스천 청소년 뿐 아니라 모든 크리스천들에게 읽혀졌으면 하는 마음으로 적극 추천합니다.

꿈이 있는 교회, 행복한 교회
오산장로교회 담임목사 박병철

여는 글

얘들아, 예수님으로 수다 떨자!

"오늘 선생님이 기도 중에 예수님의 음성을 들었어."

공과공부 시간이었습니다. 선생님의 이 말에 1초의 망설임도 없이 콧방귀를 뀌는 친구가 있었습니다. 그 친구는 선생님을 아주 뚫어지게 쳐다보며 싸늘한 표정으로 물었습니다.

"칫, 선생님! 거짓말 하지 마세요. 예수님이 어떻게 말하던데요? 또 말했다 쳐요. 샘이 그 말을 어떻게 들었는데요?"

그 시간, 친구들과 함께 소리가 아니라 마음으로 말을 거시는 예수님에 대해 이야기 하는 일은 쉬운 일이 아니었습니다. 마음이란 것이 보여주어 증명할 수 있는 게 아니니까요.

예수님을 배워가고 예수님의 음성을 듣는 연습을 하는 일은 아주 아주 중요한 일입니다. 때로 우리는 의심 많은 도마처럼 증거를 보여 달라고 예수님께 떼를 쓰기도 하지만 우리의 의심과는 상관없이 예수님은 살아계시며 전지전능한 하나님으로 우리를 통치하고 계시니까요.

우리는 교회에 오면 하나님 이야기를 듣습니다. 그리고 세상에 나가면 '신은 없다'는 말을 듣지요. 마치 세상의 시작을 두고 창조론과 진화론이 격돌하는 것처럼 우리가 사는 세상은 두 갈래로 갈라져 있는 듯합니다. 세상 사람들은 보이지도 않는 하나님을 믿는 것은 어리석다고 하고, 하나님을 믿는 사람들이 더 이기적이고 교만하다고도 합니다. 자기네들끼리 뭉쳐서 아전인수(자기 논에만 물을 끌어넣는다는 뜻으로 자기의 이익을 먼저 생각하고 행동한다는 말)격의 이기심을 부린다고도 생각하지요. 모두 우리의 잘못입니다. 하나님의 사람답게, 예수님 닮은 삶을 살지 못한 우리가 하나님을 증명하지 못하고 있는 것이니까요.

세상 사람들이 그리 말을 하니 나도 흔들리기 시작합니다. 어릴 때는 그저 순수하게 믿었던 하나님의 존재가 의심이 되고, 크리스천으로 살아간다는 것에 회의를 품기 시작합니다. 이즈음이 바로 '청소년기'지요. 하나님에 대해 품게 되는 고민! 나쁘지 않습니다. 찾아가는 과정이라 여겨집니다. 맹목적인 믿음은 쉬 식어버리는 '양은 냄비'가 될 수 있으니까요. 그렇다면 우리 속에서 불쑥불쑥 올라오는 의문들을 어떻게 해결할까요? 기도하기, 말씀 보기, 설교 말씀 귀쫑긋하고 듣기, Q.T 하기........

방법이 무엇이든 노력하는 게 중요하겠지요.

선생님은 그 방법을 문학에서 찾고자 합니다. 학교에서나 집에서나 우리는 소설을 읽고 시를 감상합니다. 문학 속에 어떤 의미가 있는지 내신 공부에 나오니 줄줄 외울 수밖에 없지요. 그러나 문학이 주는 진정한 혜택을 누리지 못하는 경우가 대부분입니다. 문학이 주는 혜택은 우리의 삶을 들여다보게 한다는 것입니다. 문학이 주는 감동이 우리 삶을 변화시키기도 하지요. 그리고 문학이 우리의 삶을 보여주고 있으니 당연히 우리를 만드신 하나님의 섭리 또한 문학에 담겨져 있습니다. 우리가 찾아내지 못할 뿐이지요.

사람들은 톨스토이의 『부활』을 읽으며 삶의 가치를 논하고, 조지오웰의 『동물농장』을 읽으며 권력을 이야기합니다. 괴테의 『젊은 베르테르의 슬픔』을 읽으며 지독한 사랑에 대해 이야기합니다. 하지만 우리는 한 걸음 더 나가보려 합니다. 우리는 문학을 읽으며 문제투성이 세상을 봅니다. 그렇다면 그 세상과 '정면승부'해야 하는 천국 백성들의 삶을 찾아내야겠지요. 문학은 우리에게 세상을 향한 '정면승부'를 연습하는 '연습 문제'와 같은 것입니다. 세상의 거울 같은 문학 속에서 우리는 예수 그리스도와의 동행을 공부할 수 있을 것입니다.

『문답예수』는 0세부터 100세까지 읽을 수 있는 '그림책'에서부터, 공감할 심장을 가졌다면 누구나 읽을 수 있는 '시', 함께 이야기하며 세상을 배워갈 수 있는 '소설' 등 여러 장르의 문학을 이야기하며 그리스도인으로 살아가는 삶에 대해 고민합니다. 함께 수다를 떠는 마음으로 『문답 예수』를 쭉쭉 읽어가며 여러 가지 생각거리들을 떠올려보면 좋겠네요. '나도 수다'를 보며 친구들과 선생님과 전도사님과 이야기를 나눠보는 것도, 또 그림으로 된 '낙서 일기'를 보며 생각을 펼쳐보는 것도 좋겠구요. 여러분이 『문답예수』를 읽으며 삶을 향한 진지한 고민들에 익숙해지길 바랍니다.

『문답예수』가 소개하는 책들 중에는 수많은 삶의 의미를 품고 있는 깊이 있는 고전들도 많이 있습니다. 이 책에서 다 다루지 못한 생각거리들도 스스로 찾아내어 수다를 떨어보면 더 좋겠네요. 『문답예수』의 안내를 받은 후 친한 친구들과 선생님들과 그 책들을 함께 읽으며 더 깊은 의미들을 찾아갔으면 하는 바람입니다. 읽고 수다를 떨며 책과 가까워지고 예수님을 만나는 시간들을 만들어 가면 좋겠습니다. 『문답예수』를 통해 많은 친구들이, 더 많은 방법으로 예수님을 알게 되고, 하나님의 사람으로 살아가는 방법들을 고민하게 되었으면 좋겠습니다.

자, 이제 문학에 답변하는 예수로 수다를 떨어볼까요?
초대합니다. 여기는 '문답예수'의 수다방입니다.

책벌레 정조의 계획도시 수원에서
수다방지기 최혜정 선생님이

1장 여긴 어디?
난 누구?

"내가 마치 이 안에 숨어 있는 것처럼 보이겠지만
고치는 도피처가 아니란다. 이건 단지 자신의 참모습을 찾기 위해
서 거쳐 가는 곳일 뿐이지."

　　– 『꽃들에게 희망을』 중에서

청소년기를 흔히 '질풍노도'의 시기라고 합니다. 그만큼 많은 변화를 겪고 많이 고민하고, 많이 갈등하는 시기라는 이야기겠지요. 아직 세상에 대해 모르는 것 투성이인데 어른들은 자꾸 꿈을 찾으라고 재촉합니다. 꿈이 없다고 하면 측은하게 봅니다. 미래에 대해 아무 생각이 없는 녀석으로 취급당하기도 합니다. 그런데 꿈을 찾아 이것저것 기웃거리면 시간 낭비 한다고 혼 나지요. 나쁜 곳은 근처도 가면 안 되니 학생답게 교복을 입고 학교 안에 있어야 합니다. 스펙을 위해 만들어가는 경험이 아니면 공부나 해야 합니다. 공부 외에 다른 것을 하면 꿈을 찾을 수 없을 듯 오로지 공부만 해야 합니다. 하지만 어른들이 만들어 놓은 이 꽉 막힌 세상에서 터벅터벅 걷다보면 어느 순간,

"여긴 어디? 난 누구?"

내가 도대체 누구인지 잃어버리고 말게 됩니다. 찾아보고 들여다보아야겠습니다. 내가 공부하는 이유 정도는 알아야 공부할 에너지가 생기지 않을까요? 세상에 하나뿐인 유니크하고, 소중한 나의 가치를 찾아야 나를 발전시킬 수 있으니까요.

01
잃어버린 나를 찾아서

『꽃들에게 희망을』
트리나 폴러스 | 시공주니어

청소년기의 선생님을 생각해보면 정말 모범생이었던 것 같습니다. 공부를 무지 잘 하는 아이는 아니었지만 늘 나의 생활은 '학교-집-교회-학교-집-교회......'의 끊임없는 순환 밖에는 없었으니까요. 아마도 그 때의 나는, 삶이란 그렇게 여백없이 성실하게 채워가는 것이 옳다고 혹은 바람직하다고 믿었던 것 같습니다. '일탈'을 꿈꾸며 다른 무엇인가를 한다는 것은 '죄'라고 생각했을지도 모르구요. 그저 그렇게 남들이 하는 대로 살다가 남들이 가는 대학에 가고 남들이 하는 대로 직장생활을 시작했습니다. 그리고 그때서야 갈등이 시작되었습니다.

오늘은 어제와 같고, 내일도 당연히 오늘과 같은 날이 되는 시간들을 보내며 나는 비로소 내가 그저 흘려버린 수많은 청춘의 시간들을 발견하게 되었습니다.

'아............나는 어떤 사람이지? 난 뭘 좋아하는 거야? 뭘 잘 할 수 있지? 도대체 이제껏 난 뭘 한 거지?'

지금까지 내가 욕망해왔던 것들이 사실은 내가 원한 것이 아니라 나를 둘러싸고 있던 수많은 사람이 그렇게 해왔던 것, 그러니까 내가 아닌 그 누군가의 욕망이었을지도 모르는 그것에 따라 살고 있었던 것을 나는 정말 몰랐던 것입니다. 그때야 그것들이 내 것이라고 착각하고 있었음을 조금씩 깨닫기 시작했습니다. 덕분에 나는 그때부터 아무도 가지 않은 나만의 길을 찾기 시작했습니다. 조금 늦긴 했지만 말입니다.

트리나 폴러스의 『꽃들에게 희망을』에는 꼭 선생님을 닮은 줄무늬애벌레 한 마리가 나옵니다. 알껍데기를 깨고 나온 애벌레는 그저 먹고 또 먹으며 쑥쑥 자랍니다. 그러던 어느 날 먹는 것을 그만두고 이런 생각을 하게 되지요.

"그저 먹고 자라는 것만이 삶의 전부는 아닐 거야. 이런 삶과는 다른
무언가가 있을 게 분명해."

그래서 나무에서 기어 내려와 뭔가 더 나은 것을 찾아 떠납니다.
그러다 자기처럼 기어 다니는 애벌레들을 만나지요. 애벌레들은 어
디론가 열심히 기어가는 중이었습니다. 그들이 어디로 가는지 보려
고 두리번거리는데 하늘 높이 솟아 있는 너무나 큰 기둥을 보게 됩
니다. 수많은 애벌레가 기어가는 곳도 바로 그 기둥이었습니다. 기
둥 꼭대기에 무엇이 있는지 알아보기 위해 애벌레들은 모두 열심히
기어가 기둥을 오르고 있었습니다.

사람들은 애벌레들처럼 높디높은 기둥을 향해 열심히 오릅니다.
높은 명예를 갖기 위해 땀을 뻘뻘 흘리고, 높은 지위가 갖고 싶어
숨이 가빠도 끊임없이 오릅니다. 높은 빌딩을 사야 하고, 높은 자리
에 앉아 아래로 내려다보길 원하지요. 바벨탑을 쌓던 그 옛날부터
말입니다.

"자, 우리의 성을 세우자. 그리고 꼭대기가 하늘까지 닿는 탑
을 쌓자. 그래서 우리 이름을 널리 알리고, 온 땅에 흩어지지

않도록 하자."(창세기 11장 4절, 쉬운성경)

인간은 이렇게 태초부터 '이름을 내어' 타인에게 자신을 드러내고 하늘 꼭대기까지 높아지기를 원했습니다. 애벌레 기둥을 타고 올라가는 줄무늬애벌레와 수많은 다른 애벌레들처럼요.

그런데 애벌레 기둥의 꼭대기에는 과연 무엇이 있었을까요? 서로를 밀치고 짓밟고 올라간 그 끝에는 '더 나은 무언가' 아름다운 것이 있었을까요? 꼭대기에 무엇이 있는지 생각할 겨를도 없이 애벌레들은 서로를 짓밟으며 숨을 헐떡이며 위로 올라가기만 했습니다.

줄무늬애벌레는 이런 삶에 지쳐 애벌레 탑에서 빠져나와 잠시 노랑애벌레와 사랑도 합니다. 하지만 '바닥을 기는 생활'에 만족할 수 없었던 줄무늬애벌레는 노랑애벌레를 내버려 둔 채 다시 애벌레 기둥을 향해 떠납니다.

"내가 정말로 원하는 게 도대체 무엇일까?"

홀로 남겨진 노랑애벌레는 드디어 바깥세상이 아닌 자신을 들여다보게 됩니다. 그리고 마침내 자신을 찾게 됩니다. 고치가 되어 긴 인내의 시간을 겪은 후 애벌레 기둥 꼭대기까지 날아갈 수 있는 나비가 되지요.

애벌레 기둥을 향해 떠난 줄무늬 애벌레는 어떻게 되었을까요? 결국 애벌레들끼리 밟고 밟히며 기둥 꼭대기에 이릅니다. 하지만 절망스럽게도 기둥 꼭대기에는 그동안의 치열한 수고를 보상할 그 어떤 것도 없었습니다. 아무 것도 없는 그 곳에 기어오르기 위해

"네가 성공하지 못하더라도 나를 원망하진 마! 삶이란 원래 험난한 거야. 독하게 마음먹지 않으면 살아갈 수 없어."

라고 자신을 다그치며 달려왔던 것입니다.

"이곳에는 아무것도 없잖아."
"조용히 해. 이 바보야! 밑에 있는 놈들이 다 듣겠어. 우린 지금 저들이 올라오고 싶어 하는 곳에 와 있단 말이야. 여기가 바로 거기야!"

줄무늬애벌레는 꼭대기에 올라 꼭대기의 허무함을 보았을 뿐 아니라 자신이 올라온 것과 같은 기둥이 사방팔방에 있다는 것을 보았습니다. 아무것도 아닐 뿐 아니라 유일하지도 않은 흔해빠진 기둥을 향해 삶의 소중한 시간을 내던진 것입니다. 줄무늬애벌레의 삶은 수많은 애벌레의 달리기를 보고 무작정 따라 달린 허무한 '따라 하기'에 불과했던 것입니다.

줄무늬애벌레는 끝없이 바깥세상을 바라보았습니다. 행복해지려면 남들처럼 노력해야 한다고 생각했겠지요. 자신이 어떤 존재인지 찾지도 못한 채 그저 남들처럼 노력하면 잘 살 수 있다고 생각하는 어리석은 사람들도 다를 바 없지요. 진정한 삶은 '내 안의 나'를 찾아가는 것에 있는데 말입니다. 나다운 삶, 그것을 찾아야 하는데 말입니다.

줄무늬애벌레는 애벌레 탑 위에서 '노랑나비'가 된 '노랑애벌레'를 극적으로 만납니다. 그리고 꽃들에게 희망을 주는 일, 애벌레로서는 할 수 없는 그 일을 나비가 되면 할 수 있다는 것을 깨닫게 됩니다. 그리고 애벌레 탑을 내려와 노랑애벌레처럼 번데기가 되어 자신을 찾게 됩니다.

청소년들은 아직 많이 먹고 통통하게 살찌고 건강하게 쑥쑥 자라야 할 애벌레들입니다. 그러니 지금 해야 할 일은 줄무늬애벌레처럼 무작정 따라가기가 아니라 내 안에 나를 찾아가는 일입니다. 점점 더 자기 안으로 들어가는 번데기처럼요.
그런데 주어진 길을 가다 보면 이런 고민이 생길 수 있답니다.

"좋아하는 일과 잘 하는 일이 달라서 내가 가야할 길이 어디인지 모르겠어요."

"지금 좋아하는 일을 어른이 되어도 계속 좋아할 수 있을까요?"

"하고 싶은 일은 있는데 자신이 없어요."

이제 시작! 아직은 잘 보이지 않는 인생길 앞에서 자주 두려움과 마주하게 되는 것은 당연한 일입니다. 줄무늬애벌레도 번데기와 마주한다는 게 결코 쉬운 일이 아니었으니까요. 하지만 성경은 이렇게 말합니다.

여호와께 여러분의 길을 맡기고 그 분을 굳게 믿으십시오. 그리하면 주님께서 다 이루어 주실 것입니다. 또 여러분이 하는 의로운 일과 정의로운 행동들을 한낮의 햇빛처럼 빛나게 해주실 것입니다. (시편 37편 5~6절, 쉬운성경)

하나님은 우리를 만드신 분입니다. 우리가 우리의 가는 길에 대해 하나님께 묻는다면, 그리고 그 길을 갈 수 있는 능력도 구한다면 우리가 그 길을 잘 갈 수 있도록 도우실 것입니다. 겁먹지 말고, 포기하지 말고 나를 찾아가며 나의 일을 해 나갈 때 어느 날 문득, 나비가 되어 훨훨 하늘을 나는 나 자신을 보게 될 것입니다.

응원합니다. 꽃들에게 희망이 될 여러분을!

낙서일기

"예수님이 주신 그 길이
남들과 다르고 두려워도

언젠간, 나비가 될수 있어."

"넌 어떤 나비가 될 거니?"
친구들과 수다 한 마당 어때?

1. 첫 번째 수다, '잃어버린 나를 찾아서'를 읽으며 어떤 생각을 했나요? '나'는 어떤 사람인가요? '나'에 대해 떠오르는 생각들을 무엇이든 써보세요.

---

2. 『꽃들에게 희망을』의 줄무늬애벌레와 나는 어떤 점이 닮았나요? 내가 맹목적으로 쫓아가는 것은 무엇인지 생각해보세요.

---

3. 줄무늬애벌레는 애벌레 기둥을 오르는 일을 잠시 멈추고 노 랑애벌레와 함께 즐거움을 누립니다. 우리에게 살아가는 행복을 주는 일은 꿈을 이루는 일 외에도 많습니다. 어떤 것들이 있을까요?

----

4. 화살이 멀리 날아가기 위해서 활시위를 뒤로 당겨야 하듯, 멀리 뛰기를 하기 위해 무릎을 굽혀 도움닫기를 하듯, 우리는 원하는 목적을 위해 잠시 뒤로 물러서 준비하는 '기다림'이 필요할 때도 있습니다. 그것은 나비가 되기 위한 '번데기' 시간이라 할 수 있습니다. 나는 그리스도의 향기를 품은 사람으로 성장하기 위해 무엇을 준비하고 있나요?

02
나의 삶에 던지는 질문

『연어』
안도현 | 문학동네

　"○○아, 오늘 왜 이렇게 힘들어 보이니? 공부하기 힘든 모양이구나. 힘내라. 쌤이 기도해줄게. 그래도 꿈을 향해 달려갈 수 있는 건강과 지혜가 있음이 얼마나 감사한 일이니."

　"꿈이요? 그 딴 거 없어요. 그냥 해야 되니까 하는 거예요. 대학은 가야하잖아요. 그것도 좋은 대학요. 그 다음은 모르겠어요."

"○○아, 너는 니가 왜 공부하는지 이유도 생각해보지 않고 그냥 시키니까 공부한다는 거니? 그건 좀 슬픈데...."

"슬플 겨를이 어디 있어요. 모두 정신없이 달려가고 있는데 머뭇 거리다가는 금방 뒤쳐져요."

특목고에 다니는 한 친구와 나눈 대화입니다.

오늘날 대한민국 교육의 민낯이 그대로 드러나는 것 같아서 씁쓸한 대화였습니다. 세상 누구와도 같지 않고, 아주 특별하고, 아주 존귀한 우리 친구들의 삶이 '입시'라는 구덩이에 빠져 허우적대고 있으니 정말 안타깝습니다. 삶에 대한 어떤 고민도 없이 그저 달리고 있는 모습들이 버거워 보이네요.

『강아지똥』이라는 그림책이 생각납니다. 많은 친구들이 어릴 때 한 번쯤은 읽어보거나 들어본 적이 있을 거예요. 버려지고 놀림 받으며 가슴 아파하던 '강아지똥'이 마침내 자기 삶의 가치를 찾아 행복하게 그 일을 감당하게 된다는 이야기입니다. 강아지똥은 민들레꽃에게 묻습니다. 자신과 같이 못난 존재가 무슨 삶의 의미가 있겠느냐구요. 민들레꽃은 예쁜 꽃을 피워내기 위해 강아지똥이 정말 필요하다고 알려줍니다. 자신의 존재 가치를 알게 된 강아지똥은 자기 몸을 녹여내며 기꺼이 민들레꽃 안에 스며듭니다. 그리고 노란 민들레꽃의 미소를 만들어주지요.

나의 삶의 가치를 찾는 일은 중요합니다. 내가 가는 길을 단단하게 다져주며, 기꺼이 가고 싶은 길이 되게 해주기 때문입니다. 안도현의 『연어』는 '모천회귀'라는 연어의 삶을 통해 존재의 의미를 찾아가는 일이 우리 삶의 여정에서 얼마나 중요한지를 보여줍니다. 자신의 삶에 '왜?'라는 질문을 끊임없이 던지는 주인공 '은빛 연어'는 과거로부터 주어진 운명 같은 삶을 답습하며 살아가는 것이 아니라 자신의 삶에 자신만의 '의미'를 만들어가는 것이 '진짜 삶'임을 보여줍니다.

'은빛 연어'는 넓고 넓은 바다를 떠나 흐르는 강물을 거슬러 올라가 산란으로 생을 마치는 '연어의 삶'에 의문을 던집니다. 다른 모든 연어는 '연어의 삶은 그냥 그런 거야.'라고 규정짓고 자신의 삶에 어떤 의문도 던지지 않는데 말입니다.

은빛 연어의 의문은 사실 자신의 모습을 알게 된 때부터 시작된 것인지도 모르겠습니다. 물고기들의 두 눈은 머리의 앞쪽에 나란히 붙어 있어서 어떤 물고기도 자신이 어떻게 생겼는지 모른다고 합니다. 은빛 연어 역시 자신의 모습에 대해 몰랐겠지요. 그런데 다른 연어들과는 달리 등이 검푸른 바닷물을 닮지 않고 은빛으로 빛나 따돌림을 당한 은빛 연어는 누구보다도 먼저 자신에 대해 관심을 갖게 되었을 것입니다. 그래서 연어의 삶에 대해 고민하기 시작했겠지요.

자신의 삶에 대해 찬찬히 돌아보는 일은 타인의 평가나 지적에 아랑곳하지 않을 힘을 길러 줍니다. '나는 나', 비교할 수 없는 유일함을 가진 나를 아는 것은 '자존'을 갖게 합니다.

> 누나는 연어들이 자신의 모습을 다른 연어들의 입을 통해 알게 된다고 말해주었다. 그러니까 다른 연어들의 입은 자신을 비춰주는 거울인 셈이다. 그래서 연어들은 남들에 대해서 이러쿵저러쿵 입에 올리기를 좋아하는 습성을 가지게 되었는지도 모른다.

작가는 연어들의 모습에 빗대어 사람들의 세상을 이야기합니다. 이야기 속 연어들처럼 사람들은 타인에 대해 이러쿵저러쿵 입방아 찧기를 좋아합니다. 자기들이 본 모습이 그 사람의 전부인 양 판단하며 뒷이야기 하는 걸 좋아합니다. 그 사람의 내면은 전혀 모르면서 말입니다. 그러니까 연어들의 거울은 '자기 맘 짚어 남의 말을 하는' 굴절된 거울이었습니다. 우리 안에도 '연어들의 거울'은 넘쳐납니다. 나의 삶을 굳이 그 거울에 비춰 볼 이유는 없습니다.

그래서 은빛 연어는 다른 연어들과는 다른 삶을 삽니다. 다른 연어들이 전혀 생각하지 않는 '삶에 대한 의문'들을 마음속에서 하나,

둘 꺼내지요. 다른 연어들은 시시각각 몰아치는 세찬 물살과 순식간에 달려드는 물수리의 공격, 거대한 힘으로 내려치는 불곰의 손바닥을 피하느라 늘 정신이 없는데 말입니다. 여러분도 날마다 깊어지는 내신의 늪에 빠져, 대입의 폭풍에 내몰려, 자신이 누군지, 어떤 존재인지, 돌아볼 여유도 없는 건 아닌가요? 은빛 연어처럼 '왜?'라고 묻는 일은 나의 존재 가치를 찾아보게 합니다.

'연어는 왜 물 속에서만 살아야하지? 나는 물속이 감옥처럼 여겨질 때가 있어.'

존재의 근원에 대한 은빛 연어의 의문은 그의 삶의 가치를 찾아가는 여정의 시작이었습니다. 은빛 연어는 알을 낳기 위해 상류로 향한다고 말하는 눈맑은연어에게도 질문을 던집니다.

"우리가 강을 거슬러 오르는 이유가 오직 알을 낳기 위해서일까? 알을 낳기 위해 사랑을 하는 것, 그게 우리 삶의 전부라고 너는 생각하니? 아닐 거야. 연어에게는 연어만의 독특한 삶의 이유가 있을 거야. 우리가 아직 그것을 찾지 못했을 뿐이지. 그 이유를 찾지 못하면 우리 삶이란 아무 의미가 없는 게 아닐까?"

그리고 초록강을 거슬러 올라가는 내내 초록강에게도 질문을 던집니다.

"왜 우리는 거슬러 오르는 거지요?"
"희망이란 알을 낳는 것인가요?"
"먼 훗날을 위한다는 건 또 뭐죠?"
"이유 없는 삶이 있을까요?"

은빛 연어는 이렇게 끊임없이 질문하며 초록강과 함께 삶의 이유
를 찾아갑니다.

"그럼 아저씨의 삶의 이유는 뭔가요?"
"그건 내가, 지금, 여기 존재한다는 그 자체야."
"존재한다는 게 삶의 이유라구요?"
"그래. 존재한다는 것, 그것은 나 아닌 것들의 배경이 된다는 뜻이
지."

은빛 연어와 초록강의 대화에서 우리는 새로운 생각을 배웁니다.
우리의 존재 가치가 '무엇'인가 훌륭한 것이 되는 것에 있지 않다고
이야기하네요. 살아있다는 것만으로도 나를 감싸고 있는 모든 것에
영향을 미치고 있으니 그것은 충분히 아름다운 삶의 가치라고 말하
고 있는 것입니다. 별이 빛나는 것은 어둠이 배경이 되어주기 때문

이며 꽃이 아름다운 것은 땅이 배경이 되어주기 때문입니다. 바꾸어 생각하면 별이 있기에 밤도 아름답고, 꽃이 있기에 땅도 아름답다는 것이지요. 내가 아름다운 것은 나를 감싸고 있는 모든 것과 내가 서로 배경이 되어주고 있기 때문입니다. 삶의 의미를 고민하던 은빛연어는 드디어 눈맑은연어와 폭포를 거슬러 올라가 알을 낳고 강의 양분이 되어 사라져갑니다. 기꺼이, 다음 세대를 위한 배경이 된 것입니다.

은빛 연어와 다른 연어의 삶을 멀찌감치에서 바라본다면 하나도 다를 게 없습니다. 똑같이 강을 거슬러 올라가고 똑같이 알을 낳고, 똑같이 강의 양분이 되어 죽어갔으니까요. 하지만 은빛 연어는 자신의 삶이 존재하는 이유를 찾아냈기에 '가치' 있는 삶을 살았습니다. 우리의 삶 역시 누구나 똑같이 태어나고 똑같이 죽지만 삶의 의미를 찾아가는 삶이야말로 살아있다는 것에 진정한 가치를 부여하는 삶이 됩니다.

성경 인물 중에는 '은빛 연어'와 같이 삶의 근원적인 문제에 대해 하나님께 아주 직설적인 질문을 던진 매력적인 인물이 한 명 나옵니다. 그는 구약시대가 끝나갈 무렵 유다 사람들이 바벨론의 포로가 되었던 시대의 예언자입니다. 그의 이름은 '하박국', 구약 성경의 거의 마지막 부분에 나오는 예언자 중 한 사람입니다. 그가 하나님께 던진 질문들은 죄악이 만연한 이 시대를 살아가는 그리스도인들도 한 번쯤은 하나님을 향해 던져보고 싶은 바로 그 질문들이었습니다.

"어찌하여 나로 하여금 불의를 보게 하십니까? 어찌하여 악을 그대로 내버려 두십니까? 내 앞에서 파괴행위와 폭력이 일어나고 다툼과 싸움이 이어지고 있습니다. 율법이 효력을 잃고 공의가 시행되지 않습니다. 악인이 의인을 에워싸고 있으므로 재판이 잘못 진행되고 있습니다.(하박국 1장 3~4절, 쉬운성경)

하박국은 하나님의 백성들이 불의를 행하는 것에 몹시 화가 난 듯합니다. 악인이 의로운 사람을 삼키는 세상을 잠잠히 보고만 계시는 하나님께 항의하네요. 자신은 선지자이며 하나님의 뜻을 전달하는 사람인데 세상이 이렇게 정의롭지 못하다면 자신의 삶은 무슨 의미가 있냐고 묻고 있는 것 같습니다. 하박국의 격앙된 질문에 하나님은 친절히 답해주십니다. 강한 민족인 바벨론을 통해 악인을 벌할 것이라고요.

그러자 하박국은 다시 한 번 질문을 던집니다. 악인을 벌하시는데 유다보다 더 악한 바벨론을 사용하시는 이유가 뭐냐구요. 심판 후에 주의 백성들은 어떻게 할 것이냐구요.

"주께서는 어찌하여 백성을 바다의 물고기처럼 여기시고 지도자도 없는 바다짐승처럼 여기십니까? 원수가 그들 모두를 낚싯바늘로 낚고 그물로 잡아 올립니다. 그들을 끌어 모으고 기뻐합니다.(하박국 1장 14~15절) 그가 언제까지 그 그물로 부자가 되고 언제까지 백성들을 무자비하게 멸망시키도록 할 생각이십니까?"(하박국 1장 17절, 쉬운성경)

하박국의 외침을 좀 더 쉽게 선생님의 말로 풀어볼까요?

"아, 정말. 왜 이러세요. 하나님. 이스라엘이 좀 한심하게 죄를 짓긴 했지만 다 멸망시킬 거라구요? 저는 하나님의 뜻을 전달하는 사람인데 그냥 이스라엘이 망할 거라고 말씀하시면 제 꼴은 뭐가 되요? 제가 뭐 저승사자도 아니고 이스라엘 백성은 어찌되고 난 뭐죠? 그냥 이스라엘은 다른 나라 사람들한테 몽땅 죽고 끝인가요? 저는 선지자니까 사람들에게 그렇게 얘기해주고 저도 죽으면 인생 끝? 이거 너무 하시잖아요!"

좀 과장이지만. 하박국의 마음은 대충 이랬을 것이라 생각되네요. 하박국은 이렇게 하나님을 향해 질문을 던지고 망루에 올라가 대답을 기다립니다. 그리고 기어이 질문에 대한 답을 받습니다. 잔인하고 격렬한 민족인 바벨론을 통해 악인을 벌하신 후에 바벨론 역시 심판받을 것이며 '의인은 믿음으로 말미암아 살 것이다.'라고 말씀하십니다.

하박국이 드디어 인생의 답을 찾았네요. 고민하고 질문하지 않았다면 몰랐겠지요. 하박국은 아마도 믿음으로 살아남는 자, 그들을 남기는 소중한 일을 그의 삶의 끝까지 잘 감당해 내었을 것입니다. 그리고 자신도 살아남는 자, 의인으로 살아갔을 것입니다. 자기 삶의 소중함을 발견했기에 그는 이렇게 노래할 수 있었을 것입니다.

"무화과나무에 무화과가 없고 포도나무에 포도가 없고, 올리브 나무에 거둘 것이 없고, 밭에 거둘 곡식이 없으며 우리에 양이 없고 외양간에 소가 없더라도 나는 여호와 때문에 기뻐하겠습니다. 나를 구원하시는 하나님을 즐거워하겠습니다." (하박국 3장 17~18절, 쉬운성경)

낙서일기

"지금 나에게 필요한건
나를 알기"

나를 알아보는 거울 같은 질문들,
만들어보는 건 어때?

1. 두 번째 수다, '나의 삶에 던지는 질문'을 읽으며 나는 어떤 생각을 했나요? 나는 나의 삶에 어떤 질문을 던지고 싶은 가요?

----

2. 우화 소설 『연어』는 등장하는 연어들을 통해 여러 유형의 '인간'에 대해 비유하고 있습니다. 나는 어떤 사람인가요? 『연어』에 나오는 등장인물 유형을 살펴보고 나는 어떤 연어와 가장 비슷한지 이야기해보세요.

----

3. 은빛 연어는 다른 연어들에게 골치덩어리로 여겨지거나 따돌림을 당합니다. 모습이 달라서이기도 했지만 은빛 연어의 반짝임은 연어를 공격하는 물수리나 곰의 눈에 잘 띄어 다른 연어들까지 위험하게 했으니까요. 만약 내 주위에 조금 특별한 친구가 나에게 불편을 끼친다면 나는 그 친구를 어떻게 대할까요? 나의 마음을 생각해보세요. '예수님이라면 어떻게 하실까?'도 생각해보세요.

---

4. 초록강은 수많은 질문들로 혼란을 겪고 있는 은빛 연어에게 멘토와 같은 역할을 해줍니다. 나에게 초록강과 같은 선생님이나 선배는 없나요? 마음을 나눌 멘토는 삶의 길을 가는데 좋은 길동무가 됩니다. 어떤 사람이 나에게 좋은 멘토가 될지 생각해보세요. 그리고 또 내 주위에서 찾아보세요.

03

빛나는 사람, 빛을 주는 사람

『길거리 가수 새미』
찰스 키핑 | 사계절

      T.V를 켜면 어느 방송이든 아이돌이 넘치는 세상이 되었습니다. 드라마에도 예능 프로그램에도 연습생부터 훈련되어 만들어진 '아이돌'들이 곳곳에서 활발한 활동을 보여주고 있습니다. 꿈이 뭐냐고 물어보면 '대통령'이 되겠다, '과학자'가 되겠다 하던 시대는 이미 한참 전에 지나가버렸고 가수가 되고 배우가 되는 것이

꿈이라는 친구들이 점점 많아지는 시대가 되었습니다. 화려한 무대에서 빛나는 아이돌! 빛나는 무대, 빛나는 의상, 빛나는 얼굴..... 이 모든 것이 선망의 대상으로 여겨지는 시대가 되었습니다.

아이돌 가수 중에 '빅뱅'이라는 그룹이 있지요? 선생님도 '지드래곤'이라 불리는 빅뱅의 리더 권지용의 노래를 참 좋아하는데요. 잘생기고 노래도 잘 만들어 음악 프로그램이든, 연예프로그램이든 그가 등장하면 주위에 빛이 나는 것 같더라고요. 그의 친구 '태양'이라는 멤버도 그렇구요. 이름도 '태양'이라 빛나는 아이돌에 어울리는 이름인 것 같네요. 요즘은 '방탄소년단'이 그렇게 인기를 끌고 있다지요? 세계의 많은 젊은이가 이 그룹의 노래와 퍼포먼스에 열광하고 있다니 K-POP 스타들의 힘이 놀라울 따름입니다.

『길거리 가수 새미』는 이런 '아이돌'에 대한 이야기를 담은 그림책입니다. 이야기의 주인공 '새미'는 지하도를 오가는 인정 많은 사람들한테서 동전을 얻어 살고 있는 그야말로 '길거리 가수'였습니다. 그런데 어느 날 소위 말하는 '길거리 캐스팅'이 됩니다. 지하도의 가난한 아이들에게 기쁨을 주었던 새미는 '빅 찬스' 서커스단의 단장 이보르의 달콤한 말에 속아 지하도와 친구들을 떠나 서커스단을 따라나섭니다. 얼마나 좋았을까요! 스타를 꿈꾸는 많은 이들의 로망인 '길거리 캐스팅'이 되다니요!

새미는 밤마다 광대처럼 꾸미고 관객들 앞에서 춤추고 노래했습니다. 새미가 사랑하는 관객들의 박수 소리가 거기에 있었으니까요. 그런데 서커스단장 이보르가 진짜 원한 것은 가수가 아니라 '광대'였습니다. 새미를 달콤한 말로 속여서 데려왔지만, 어느 날 밤, 새미 몰래 천장에서 갈고리를 늘어뜨려 노래하는 새미를 낚아챕니다. 새미는 높은 천장으로 끌려 올라갔다가 바지가 벗겨진 채 팬티바람에 바닥으로 떨어져 관객들의 웃음거리가 되고 맙니다. 새미는 빛나는 스타가 되길 원했지만, 사람들의 조롱거리가 되고 말았습니다.

꿈을 향해 가다 보면 가끔 이런 일이 생기기도 합니다. 순수한 마음으로 했던 일들이 속이는 사람들에게 짓밟혀 버리는 바람에 좌절에 빠지기도 하지요. 하지만 우리는 쓰러져 일어서지 못하고 좌절과 슬픔에 빠져있을 필요가 없답니다. 왜냐구요? 서커스단장 이보르처럼 우리를 속이는 '가짜 내 편'이 아니라 '진짜 내 편'이 우리 곁에 있으니까요. 평생토록 여호와를 신뢰한 삶을 산 다윗은 어려움 속에서 이렇게 부르짖으며 '오직 내 편' 하나님을 의지합니다.

"여호와여, 내가 주님께 피하오니 부끄러움을 당하지 않게 해주소서. 주님의 의로우심으로 나를 구원하여 주소서. 나의 애원하는 소리에 귀 기울여 주시고, 빨리 오셔서 나를 건져

주소서. 주님은 내가 피할 바위가 되시고, 튼튼한 요새가 되시어 나를 구해주소서. 주님은 나의 바위이시며 내가 피할 요새이십니다. 이는 주님의 이름을 위해서 나를 인도하시고, 이끌어 주시기 때문입니다."(시편 31편 1~3절, 쉬운성경)

우리의 주인공 새미가 이보르 때문에 부끄러움을 당했을 때 다윗과 같이 주님을 떠올렸다면 상황이 달라졌을지도 모르겠습니다. 하지만 안타깝게도 새미는 다른 곳으로 눈을 돌립니다. 빅놉(빅놉은 큰 혹 덩어리라는 뜻입니다)이라는 '흥행꾼'을 만나 그를 의지합니다. 빅놉은 요즘 아이돌과 비교하자면 '대형 기획사' 같은 곳이요. 새미에겐 기적과 같은 기회였는지도 모르겠습니다. 덕분에 새미는 시내 중심가에 있는 '꿈의 궁전'에서 노래하게 됩니다. 사람들은 새미에게 열광하지요. 진짜 '스타'가 된 것입니다. 하지만 그것도 잠시, 열광하는 팬들의 소리에 묻히던 새미의 노래는 금세 시들해져 잊히고 맙니다. 새로운 얼굴이 대중 앞에 나타나자 빅놉은 새미를 잊고 그에게 공을 들입니다. 새미는 완전히 잊혀진 존재가 되고 맙니다.

삶의 여정에서 오직 주만 의지했던 다윗이 떠나고 그의 아들 솔로몬이 집권을 합니다. 전쟁의 시대에 다윗이 마련해준 국가의 안정을 바탕으로 솔로몬은 이스라엘 최고의 부강한 국가를 만듭니다. 국가를 잘 다스릴 지혜를 구한 솔로몬의 어여쁜 마음을 보시고 하나님은 솔로몬에게 부와 명예, 세상에서 가질 수 있는 그 모든 것을 주십니다. 그러나 아이러니하게도 모든 것을 다 가진 솔로몬은 세상 모든 것이 헛되다고 말합니다. 그는 빛나는 사람이 되었고, 수많은 빛나는 것들을 가졌지만 그것들이 모두 한순간에 떠나갈 수 있는 허무한 것임을 알았나 봅니다. 새미의 부와 명성처럼 말이지요.

> "인생은 정말 허무하고 허무하다. 세상만사가 너무 허무하다. 사람이 해 아래서 일하는 모든 수고가 무슨 유익이 있는가? 한 세대가 가고, 다른 세대가 오지만, 땅은 영원히 변하지 않는다. 해는 떴다가 지고, 다시 떠오르기 위해 그 떴던 곳으로 돌아가는구나." (전도서 1장 2~5절, 쉬운성경)

새미는 비 오는 어느 날 공원 벤치에 앉아 자신의 처지를 비관하며 좌절에 빠져있었습니다. 그런데 그 순간 '번쩍' 하고 자신이 길거리 가수라는 사실을 다시 깨닫게 됩니다. 그리고 즉시 지하도로 돌아옵니다. 그곳에서 새미는 옛 친구들과 함께 혼잡한 지하도를 오가는 사람들에게 작은 기쁨과 즐거움을 안겨주며 노래를 이어갑니다. 반짝반짝 빛나던 스타에서 사람들에게 '빛을 주는 사람'이 되었습니다.

"너희는 세상의 빛이다. 산 위에 있는 도시는 숨겨질 수 없다. 등불을 됫박 안에 두지 않고 등잔대 위에 놓는다. 그래야 등불이 그 집에 있는 모든 사람에게 빛을 비추게 될 것이다. 이와 같이 너희 빛을 사람들에게 비춰라. 그래서 사람들이 너희의 선한 행동을 보고 하늘에 계신 너희 아버지께 영광을 돌리게 하여라."(마태복음 5장 14~16절, 쉬운성경)

이야기를 하다 보니 성경 말씀들을 장황하게 늘어놓게 되었네요. 선생님이 이렇게 말씀을 늘어놓고 있으면 이렇게 말하는 친구도 있습니다.

"하나님을 믿는 사람이라고 무조건 봉사하는 일, 어둠을 비추는 일만 해야 하나요? 칙칙하기만 하네요. 왜 빛나는 스타가 되면 안 되죠? 왜 부자가 되고 높은 사람이 되면 안 되는 거죠?"

안 되다니요. 안 되지 않습니다. 빛나는 사람이 되지 말라는 것이 아니라 무슨 일을 하든지 부를 갖게 되거나 명성을 갖게 되는 순간이 오더라도, 내 안에서 빛을 만들어내어 빛이 나는 사람이 되라는 것입니다. 전기형광등같이 누군가 공급해주는 힘으로 빛이 나는 것은 가짜 빛입니다. 늘 우주 저만치에서 끊임없이 스스로 빛나는 태양처럼 내 안의 힘으로 빛나야겠지요. 새미처럼 만들어진 내가 아니라 진짜 나를 빛나게 해야 합니다. 그런 빛은 다른 사람들에게 나누어 줄 수 있는 빛이 된답니다. 내 안에서 자꾸자꾸 만들어 낼 수 있으니까요.

많이 빛나는 사람이 되어봅시다. 그 밝은 빛을 많은 사람에게 나눠줄 수 있을 테니까요. 혹은 낮은 곳을 비추는 작고 여린 불빛이 되어도 좋겠습니다. '성냥팔이 소녀'의 가녀린 손을 녹여주었던 작은 성냥개비 불꽃처럼 그 여린 빛도 누군가에게 전달된다면 아주 소중한 등불이 될 수 있으니까요. 중요한 것은 나만의 빛을 만드는 사람이 빛을 주는 사람이 될 수 있다는 것입니다. 새미의 마음속의 빛은 화려한 무대 조명에 눌려 속으로 감춰지기만 했기에 행복할 수 없었습니다. 지하도로 돌아가서야 비로소 새미 속에 감추어졌던 빛이 다시 비취기 시작한 것입니다. 많은 사람을 즐겁게 해주면서요.

낙서일기

멋지다! '주님과 함께 빛나기!'

넌 어디를 비추는 빛이 되고 싶니?

1. 세 번째 수다, '빛나는 사람, 빛을 주는 사람'을 읽으며 나는 어떤 생각을 했나요? 나의 빛은 무엇인지 생각해보세요.

_____

_____

_____

_____

_____

_____

2. 『길거리 가수 새미』는 우리 인생에 잠시 왔다가 사라지는 허무한 것들에 대해 생각하게 합니다. 책이 말하고 싶어 하는 영원한 가치는 무엇일까요?

_____

_____

_____

_____

_____

_____

3. 대중 앞에 화려한 빛을 내는 연예인들의 삶도 그렇게 좋지만은 않은가 봅니다. 일반인들보다 공황장애나 우울증에 걸리는 확률이 많다고 합니다. 심지어 자살을 선택하는 경우도 많은데요, 돈이나 명예, 인기 등, 화려함 뒤에 숨은 어두움은 무엇이 있을까요? 함께 생각을 나눠봅시다.

----

4. 3번의 질문과 반대의 경우를 생각해봅시다. 가진 것을 다 내려놓고 자신을 희생하며 타인을 위해 사는 삶, 또는 무소유를 실천하며 사는 삶, 길거리 가수로 살아가는 삶이나 행복한 청소부로 살아가는 삶이 가진 힘은 무엇일까요? 욕심 없이 사는 삶이 주는 기쁨은 무엇일까요? 생각해봅시다.

봄의 정원으로 오라

봄의 정원으로 오라
이 곳에 꽃과 술과 촛불이 있으니
만일 당신이 오지 않는다면
이것들이 무슨 의미가 있는가.

그리고 만일 당신이 온다면
이것들이 또한 무슨 의미가 있는가.

- 잘라루딘 루미

2장 이게 세상이야!

"다른 걸 볼 기회가 없었어. 대학에 가면 뭘 하는지도 몰랐지만 대학에 안 가면 어떻게 되는 건지 아무도 가르쳐 주질 않았어. 그냥 겁만 줘. 무슨 폭탄 돌리기도 아니고...자꾸 다음 단계로 넘기기만 하는 거야. 그리고 나에게는 학자금 대출 채무가 남았지."

— 『울기엔 좀 애매한』 중에서

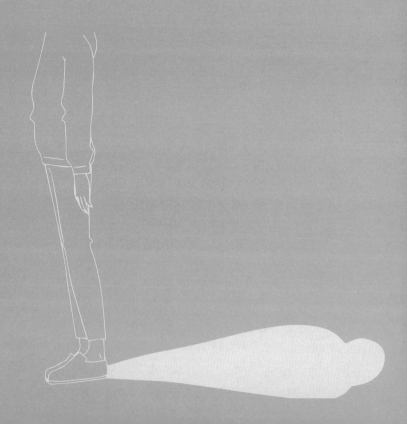

산타할아버지가 사실은 엄마, 아빠였다는 것을 언제 알았나요?

대부분의 어른은 초등학생 때까지는 아이들의 '동심'을 지켜주어야 한다고 생각합니다. 물론 요즘은 유치원 아이 중에도 산타할아버지가 사실은 엄마, 아빠라는 것을 진즉에 안 친구도 있더라고요.

동심은 세상이 아름답다고 생각합니다. 청소년들은 어떻게 생각할까요? 세상은 아름답고 살만한 곳이라고 생각하나요? 착하게 살면 동화에서처럼 복을 받고 행복해질 것으로 생각하나요? 아마도 청소년들 누구에게 물어도 "No!"라고 단박에 대답할 것 같네요. 자라면서 점점 더 세상이 아름답지만은 않다는 걸 보게 되니 세상에 냉소적이 되는 것도 이해는 갑니다.

그래도 희망적인 건, 미래는 절대 정해져 있지 않다는 거죠. 참 마음에 안 드는 세상일 수도 있지만 좋은 세상을 만들어 갈 여러분이 있는 한 절대적으로 절망적이지도 않다는 것이지요.

세상이 어두운 이유, 들여다보고 살펴보고 우리가 다시 만들어가야겠죠?

04
블랙아웃, 숨겨진 죄악을 불러내다

『블랙아웃』
박효미 | 한겨레아이들

'부조리하다'라는 말이 있습니다. 이치에 맞지 않고 도리에 어긋나는 일을 말합니다. 그런데 슬프게도 우리는 '부조리한' 세상 가운데 살고 있습니다. 희망을 이야기하기에는 세상이 너무 악하게 느껴질 때 '부조리'라는 말은 가슴 깊이 와 닿습니다. 그렇다면 구체적으로 어떤 일들이 부조리한 일일까요? 재벌들이 법의 망을 교묘히 피하고 불법으로 돈을 벌어들일 때, 권력이 있는 자들이 병역의 의무를 편법을 써서 면제받을 때, 빈익빈 부익부 ―부자는 점점 더 부자가 되고, 가난한 사람들은 가난을 벗어날 길 없이 점점 더 힘들어지기만 할 때, 공평해야 할 법이 힘 있는 자의 편을 들어 약자가 억울한 일을 당할 때, 국가가 국민을 위해 마땅히 해야 할 일들을 팽개쳐두는 바람에 국민이 고통을 겪게 되었을 때........ 우리는 이렇게 세상 속에서 수많은 부조리와 맞서며 살아갑니다.

학교에서 배우는 것들은 모두 '희망'을 말하는 데 우리는 왜 이렇게도 힘들게 살아가야만 하는 것일까요? 학교 공부도 힘들고, 학교를 졸업해도 취직이 어렵다고 합니다. 취직해도 집 장만하기도 어렵고 아이를 낳고 키우기도 힘이 드니 결혼을 하지 않겠다고 하는 젊은이들도 많아졌습니다. 세상은 청소년들에게 '꿈을 가지라'고 지겹도록 말하지만, 도대체 이런 세상에 무슨 꿈을 가져야 하는지 혼란스럽기만 할 것입니다.

박효미의 『블랙아웃』은 '동화'입니다. 하지만 '희망'과 '꿈'을 이야기하는 대부분의 동화와는 달리 부조리한 세상을 똑바로 직시하도록 보여줍니다. 그래서 청소년들과도 함께 읽고 생각을 나눔 직한 이야기입니다.

동화 속 사건은 제목에서 바로 보여주는 것처럼 '블랙아웃' 즉, '대규모 정전사태'로부터 시작됩니다. 주인공 동민이와 동희가 '블랙아웃' 사태에서 겪는 여러 가지 사건들이 부조리한 사회의 여러 단면을 보여주어 가슴이 답답해집니다.

동민이는 초등학생, 누나 동희는 고등학생입니다. 찌는 듯한 무더위에 '블랙아웃'이라는 초미의 사태가 벌어졌는데 공교롭게도 남매는 보살펴줄 어른이 없습니다. 부모님이 중국으로 여행을 가셨거든요. 그래서 남매에게 '블랙아웃'은 누구보다 큰 충격과 시련으로 다가옵니다.

'블랙아웃'이 되자 세상은 혼란에 빠집니다. 컴퓨터도 안 되고 휴대폰도 안 되고, 찌는 듯한 더위에 선풍기도 에어컨도 모두 멈췄습니다. 동민이와 동희는 부모님과 연락도 되지 않고 할 수 있는 것은 아무것도 없는 칠흑같이 깜깜한 밤을 맞습니다. 밤은 마치 동민이와 동희의 앞날을 예견하는 듯 어떤 빛도 보여주지 않습니다.

금방 끝날 줄 알았던 블랙아웃 사태는 다음날에도, 그다음 날에도 계속됩니다. 음식을 해먹을 수도 없어 즉석식품은 마트마다 동이 나고, 애완동물 가게의 어항에는 죽은 물고기들이 둥둥 떠오릅니다. 사람들은 더위 속에 점점 예민해지고 서로를 배려하는 마음이 사라져갑니다. 가스도 물도 하나둘, 끊겨갑니다. 학교는 휴교, 집안은 빨

수 없는 빨래들과 물 내릴 수 없는 변기 때문에 악취가 진동합니다.

그런데 전국이 블랙아웃으로 난리를 겪고 있지만 시청 광장의 '옥외 스크린'은 계속 방송을 합니다. 어떻게 된 일일까요? 서민 아파트는 비상 전기가 떨어졌지만 어딘가는 전기를 쓰고 있다는 소문들이 무성합니다. 블랙아웃 사태에도 누군가는 멀쩡하게 살아갈 것이라는 생각이 사람들을 점점 더 분노하게 하고 이기적으로 만들어갑니다. 마트는 통제되고 시간제로 돌아갑니다. 편의점은 습격을 당합니다. 이 와중에 동민이와 동희는 집안에 남아있는 돈들을 찾아내어 가까스로 물과 필요한 물건들을 삽니다. 하지만 집으로 돌아오는 도중에 나쁜 어른들에게 빼앗기고 말지요. 동민이의 친구 진수 엄마는 동민이 엄마가 돈을 빌려 갔다며 돈 대신 쌀을 가져가겠다고 동민이 집의 쌀을 빼앗아 가구요.

사람들은 견딜 수 없는 사태 앞에 점점 더 이기적이고 사악한 모습을 드러냅니다. 인간의 본성은 극단적인 상황 앞에서 드러난다고 합니다. 살아남기 위한 처절한 사투가 시작되는 것이지요. 영화나 드라마에서 우리가 많이 볼 수 있듯이 사람들은 고통과 죽음의 두려움 앞에서 평정심을 유지하며 평소의 모습을 지켜내기가 힘이 듭니다. 물론 이런 상황에서도 초인적인 '의로움'을 보여주어 인간의 아름다움을 지키는 사람들도 있긴 하지만요. 아무튼 '블랙아웃'의 암흑은 사람들 안에 있는 '죄성' 즉, '악함'을 불러내기 시작합니다.

동민이와 동희에게도, 사람들 모두에게도 가장 필요로 하는 것은 당연히 '물'이었습니다. 정부는 소방차를 보내 하루 몇 차례 주민들에게 물을 공급합니다. 하지만 그것도 늦게 가면 구할 수 없습니다. 물을 구하러 가던 동민이의 친구 진수는 삼촌에게 묻습니다.

　　"삼촌, 세상이 왜 갑자기 이상해졌을까?"
　　"갑자기? 이미 오래 전부터 이상해졌는데 몰랐겠지. 그동안 착각한 거야. 잘 돌아가고 있다고."

　　삼촌의 말대로 세상은 이미 이상한지도 모르겠습니다. 죄악으로 가득 찬 세상인데, 날마다 범죄들이 벌어지고 있는데, 날마다 비인간적인 행동들이 저질러지고 있는데, 어느 곳에서나 어느 때나 얼마 정도는 그것이 당연한 냥 살아가고 있는 것이 현실이니까요. 세상은 이미 에덴동산의 선악과 사건 이후부터 이상했는지도 모르겠습니다.

　　전쟁과 같은 날들이 지나가고 있었습니다. 그런데 동민이는 언덕 너머에 있는 교회에 지하수가 있다는 비밀을 알게 됩니다. 교회 다니는 사람들만 비밀스럽게 물을 받아다 쓰고 있다는 것이지요. 동민이와 동희의 처지를 안타깝게 여긴 교인 한 명이 그냥 교회 다니

는 척하고 새벽에 가서 줄을 서고 물을 받아보라고 합니다. 동민이
와 동희는 일찍부터 줄을 서서 물을 받으려 했지만 교회를 다니지
않는다는 걸 들켜 쫓겨나고 맙니다. 매정한 교인들에게 외치는 동희
의 말은 어른으로서, 교인으로서 부끄러워 낯이 뜨거워지게 합니다.

> "물 한 통 때문에 어린이를 패겠다는 거예요? 교회 안 다니는 사람은
> 죽든 말든 상관 안 하고 교회 다니는 사람들끼리만 살겠다는 거예요?
> 아니면 우리가 어리다고 무시하는 건가요?"

살아남기 위한 인간의 이기심은 일말의 동정도 허락하지 않습니
다. 동희의 뜨거운 절규는 사람들의 싸늘한 눈빛 속에 묻혀 사라집
니다.

가끔 영화나 드라마, 문학 속에서 등장하는 '교회'와 '교인'은 우
리를 불편하게 합니다. 기독교 문학에서 기독교인의 모습은 아름답
고 성스러우나 세상 매체 속의 기독교인은 비판의 대상이 되어 '개
독교인'이라 불리지요. 세상의 비판적인 시각에 우리는 무조건 변명
만 늘어놓을 것이 아니라 반성을 해야겠습니다. 우리 안에 잘못된
모습은 고쳐가고, 우리를 향한 잘못된 오해는 바로잡아야겠지요. 말
씀에 따라 실천적으로 산다면 가능하지 않을까요?

우리는 종종 말씀을 잊어버린 듯 살아갑니다. 살아남기 위해 하나

님이 원하시는 것 따위는 버린 듯 세상 사람들과 똑같이 행동하는 교인들의 모습은 부끄러워해야 할 부분입니다. 『블랙아웃』속의 교회도 안타깝습니다. 있을 법한 일이라 더 부끄럽습니다. 그렇다면 우리는 어떤 자세로 '사람'을 대해야 할까요? 십계명의 말씀은 우리가 하나님에 대해 어떤 자세로 살아가야 하는 지를 알려줄 뿐 아니라 이웃에 대해, 즉 사람들에 대해 어떤 태도로 살아가야 하는지도 알려줍니다. 10가지 계명 중 5번째 계명부터가 사람에 대한 이야기를 하고 있지요. 5번째 계명부터를 요약하자면 이렇습니다.

- · 네 부모를 공경하라.
- · 살인하지 말라
- · 간음하지 말라
- · 도둑질하지 말라
- · 거짓 증거 하지 말라
- · 네 이웃의 것을 탐내지 말라

공통점을 발견했나요? 이 6개의 계명을 관통하고 있는 생각을 뽑아본다면 선생님은 '존중'이라는 단어를 떠올리겠습니다. 살인하지 않는 것은 두말할 것 없이 생명의 존중입니다. 부모님을 공경하는 것은 부모님의 삶을 존중하는 것이지요. 간음하지 않는 것은 배우자를 존중하고 나 자신을 함부로 쓰지 않는 자신에 대한 존중입니다. 도둑질하지 않거나 거짓말하지 않는 것, 이웃의 것을 탐내지 않는 것은 당연히 타인을 존중하는 것이지요. 하나님에 뜻에 합당한 '사람을 대하는 법'은 '존중'인 것입니다.

다시 동화 속으로 들어갑니다. 사람들은 모두 미친 것처럼 마트 창고를 습격하기 시작합니다. 마트를 약탈하는 사람들은 누군가 밀려 다치거나 쓰러져도 관심이 없습니다. 다쳐 피투성이가 된 사람도 돌보지 않습니다. 그 무리에 동민이와 동희도 합류하게 됩니다. 살아야 하니까요. 그러나 동민이는 미쳐버린 세상이 두렵고 싫습니다.

"누나, 지금이라도 나가자. 그만 하잔 말이야."

"싫어. 세상이 미쳤으니까 나도 미쳐야지. 나만 아닌 것처럼 구나?"

그날 밤, 그 처절했던 날, '블랙아웃'이 시작된 지 일곱째 날이었던 그 날, 거짓말처럼 다시 전기가 들어오고, 거짓말처럼 모든 일상이 다시 시작됩니다. 사람들은 아무것도 기억하지 못하는 양, 자신들이 저질렀던 그 많은 부조리를 이미 지나버린 블랙아웃의 암흑 속으로 숨겨버립니다. 죄악은 그렇게 다시, 깊이 잠들어 버립니다.

우리 삶의 '블랙아웃'은 언제든 찾아올 수 있습니다. 그것이 정전 사태이든, 삶의 암흑 사태이든 말입니다. 그때 죄악은 깨어나겠지요. 세상은 아름답지만 보이지 않는 '악함'은 세상 곳곳에 존재합니다. 뱀이 똬리를 틀고 있듯 숨을 죽이고 웅크리고 있습니다. 내 안에는 없을까요? 말도 안 되죠. 우리 안에도 죄악은 존재합니다.

"모든 사람이 죄를 지어 하나님의 영광에 이를 수 없게 되었습니다."(로마서 4장 23절, 쉬운성경)

하지만 다행히도 성경은 이 고질적인 '죄' 문제를 해결할 방법을 알려줍니다. 죄의 어두움을 이길 우리의 단 하나의 희망은 이것입니다.

"그런데 그리스도께서는 우리가 아직 죄인이었을 때에 우리를 위해 죽으셨습니다. 이것으로써 하나님께서는 우리를 향한 그 분의 사랑을 나타내셨습니다."(로마서 5장 8절, 쉬운성경)

낙서일기

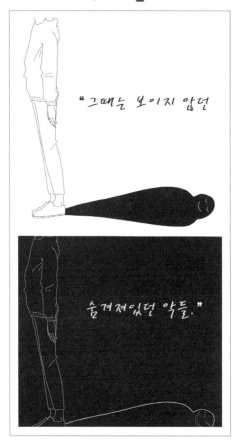

"그때는 보이지 않던

숨겨져있던 악들."

어두워지면 스물스물 기어 나오는 악한 마음들,
어떻게 다스려야 할까요?

나도 수다!

1. 네 번째 수다, '블랙아웃, 숨겨진 죄악을 불러내다'를 읽으며
어떤 생각을 했나요? 내 안에 웅크리고 있는 죄는 어떤 것이
있을까요?

----

2. 『블랙아웃』 이야기는 블랙아웃에 대처하는 사람들의 모습을
통해 사회의 부조리함을 드러내는 이야기입니다. 이야기를 읽
으며 나는 어떤 '부조리'를 떠올렸나요. 내 주위에 보이는 부
조리에 대해 이야기 나눠보세요.

----

3. '팔이 안으로 굽는다'는 속담이 있습니다. 인간은 본능적으로 자기 가족이나 자기와 관계된 사람들의 편을 들게 마련이라는 말입니다. 그렇다면 동민이 동네에 있는 교회 사람들이 자기네들끼리만 교회 지하수를 사용한 것도 이해해야 하는 것일까요? 만약 우리가 그 교회 교인이라면 어떤 결정을 했을지 이야기 나눠 보세요.

----

4. 『블랙아웃』의 결말은 씁쓸합니다. '블랙아웃' 동안 저질러진 수많은 범죄행위와 비인간적인 행위들이 다시 돌아온 빛 너머로 조용히 사라집니다. 아무런 처벌도 반성도 없이 수면 아래로 감추어진 것입니다. 이대로 괜찮은가요? 천주교의 고해성사, 기독교의 회개기도와 같이 잘못된 것에 대한 성찰과 반성이 필요한 이유는 무엇인가요? 생각해보세요.

05
'차별'과 '차이', 그 사이 어디쯤에서

『울기엔 좀 애매한』
최규석 | 사계절

"아~ 선생님, 우리집은 흙수저라 사립대학도 못 가요. 국공립 대학 등록금이 싸니까 거기 가야되는데 그게 그렇게 많냐구요. 그렇지 않거든요. 흙수저한테는 대학문도 좁아요."

2015년 어느 땐가부터 대한민국에는 '수저 계급론'이라 불리는 이야기가 들불처럼 번져나갑니다. 영어 표현인 '은수저를 물고 태어나다'(born with a silver spoon in One's mouth)에서 유래하여 이야기가 시작되었다고 하는데, 유럽 귀족층에서 은식기를 사용하고 태어나자마자 유모가 젖을 은수저로 먹이던 풍습을 풍자하여 부모의 직업, 경제력 등으로 삶의 질이 결정된다는 말을 하는 것입니다.

옛날 왕이 다스리던 시대에는 어느 나라에서든 신분의 차별은 당연하였습니다. 다르게 태어났으니 다르게 취급받는 것을 부당하다고 여기지 않았지요. 아마도 힘 있는 정치 권력자가 하늘에 제사를 드리는 일까지 맡았던 '제정일치 사회'의 풍습이 남아있었기 때문이겠지요. 하늘과 통하는 왕과 권력자들의 신분에 감히 어떻게 도전을 하겠어요. 또 정치 지도자들이 권력을 유지하려고 일부러 민중들에게 '왕권신수설'(왕의 권력이 신에게서 왔다는 것)을 믿게 했기 때문에 신분이란 것은 절대 바뀔 수 없는 것으로 생각했던 것입니다.

그러나 차츰 교육의 질이 높아지고 하층민에게까지 인권 의식이 생기며 "왕후장상¹⁾의 피가 따로 있느냐"를 외치는 민중들의 봉기가 시작됩니다. 동서양을 막론하고요. 우리나라도 엄청난 사회적 제약에도 불구하고, 만적의 난, 망이망소이의 난, 동학농민운동 등이 일어나며 신분제를 없애버리려는 시도들이 시작되지요. 절대 권력은

---

1) 임금 왕, 제후 후, 장수 장, 재상 상. 왕과 제후, 장수, 재상을 통틀어 이르는 말로 백성의 지배층을 뜻한다.

서서히 무너지고 평등한 사회가 실현되기 시작했습니다.

그런데 아직도 우리 사회에는 계급이 존재한다고 합니다. 그 권력의 힘은 '경제력'에서 나오고요. 청소년들 사이에도 물질만능주의의 병폐가 곧잘 드러납니다. 학교는 '교복'으로 빈부 차이를 가려보려 하지만 잘 사는 집 아이들은 명품 신발에 명품 가방을 들고 다닙니다. 여학생들은 '화장품'으로 부모님의 경제력을 과시하기도 합니다. 사는 집이 어느 동네며 몇 평인가, 아버지 직업이 무엇인가에 따라 같이 노는 친구들이 달라지기도 하고 선생님들로부터 차별적인 시선을 받기도 합니다. 돈 있는 집은 어마어마한 가격을 자랑하는 '강남 아파트'에 살며 '강남 학원'에 다니며 화려한 '스펙'을 만들지요. 그 스펙으로 대학도 편히 갑니다.

세상이 이 모양인데 소위 흙수저들은 어떻게 해야 할까요? '개천에서 용 났다'는 말은 이제 있을 수 없는 말이라고들 합니다. '가난한 가운데 성공신화를 이루었다.' 이런 말은 이제 어려운 일이 되었다고 하지요. 정말 그럴까요? 아닙니다. 우리를 힘 나게 하는 멋진 '성공신화'들도 당연히 있습니다. 하지만 우리가 주목해야 할 것은 경제적 계급을 이겨내려고 진땀을 흘려야 한다는 것이 아니라 '경제적 차이'가 엄연히 존재한다는 것을 인정해야 한다는 것입니다. 성공이 어려우니 그냥 포기하라는 말을 하려는 게 아닙니다. '차이의 인정'은 나를 긍정하게 하는 힘이 됩니다.

『울기엔 좀 애매한』(최규석, 사계절)은 흙수저들의 이야기입니다. 찌질한 인생이라 불리는 서민층 청소년들의 찌질한 생존기를 그리고 있지요. 이야기의 배경이 되는 곳은 '미술학원 만화반'입니다. 만화반의 선생님 태섭은 만화반에 유독 가난한 아이들이 많은 이유를 장황하게 설명합니다.

"만화는 너희 또래 아이들 대부분이 좋아하고 싸게 접할 수 있는 장르야. 근데 왜 유독 가난한 애들이 만화를 직접 그리겠다고 나서냐 이거지. 요즘은 노는 데도 돈이 드니까 돈 없는 애들은 친구들과 어울리는 것보다 만화를 택하는 빈도가 높겠지. 그러다 보면 점점 친구도 사라지고 그에 대한 보상심리로 더욱 만화에 빠져들어.........(중략) 오덕[2]에서 멈추면 회생 가능성이 있지만 불행하게도 자신에게 재능이 있다고 착각하는 일부 싸이코들이 직접 만화를 그리겠답시고 기둥뿌리 빼서 분수에도 안 맞는 입시 미술학원으로 모여드는 거야..............(중략) 다른 일을 찾으려 해도, 연애를 해보려 해도, 어떻게 하는지 기억도 안 나. 결국 가난한 싸이코 만화가는 가난한 싸이코 만화가를 만나 결혼하고 아이를 낳고 그 아이는 가난한 만화가 부모의 영향으로 줄창 만화만 보면서 성장하다가 싸이코가 되어 또다

---

2) 오덕후의 줄임말이며 일본어 '오타쿠'가 변한 말이다. 한 분야에 열중하는 사람을 뜻하며 초기에는 '애니메이션, SF영화 등 특정 취미에 관심이 지나치다는 부정적 뜻으로 쓰였다. 그러나 1990년대 이후부터 의미가 확대되어, '특정 취미에 강한 사람', 마니아 수준을 넘어선 '전문가'라는 긍정적 의미까지 포괄하게 되었다.

시 만화가를 꿈꾸게 되는 지옥의 무한루프에........ 진입한 기분이 어떤까?"

만화에서 줄곧 던져지는 태섭 쌤의 돌직구는 참 매정해 보입니다. 하지만 아이들은 태섭쌤의 계속되는 '독설' 덕분에 현실의 아픔을 이겨낼 예방주사를 맞는 듯합니다. 아이들은 점점 더 현실에 초연해져 갑니다. 어려운 현실을 잘 견뎌내며 눈물 흘리지 않습니다. '차이'가 존재하지만 나의 현실을 직시하며 나의 갈 길을 가는 '용기'를 내는 것이지요.

'주인공 '강원빈'은 '불가촉 루저'라 불립니다. 처절한 호칭입니다. 신라 시대 골품제도보다 더 지독했다는 인도의 신분제도인 '카스트 제도', 그 신분제도 안에도 속하지 못하며 짐승 취급을 받았던 '불가촉천민'[3]과 '패자'라는 뜻을 가진 '루저'를 합해놓았으니 말입니다. 원빈이의 부모님은 이혼했습니다. 아버지는 직장에 다니지만 돈을 많이 벌진 못합니다. 이혼 후 양육비는 줄 생각도 못 합니다. 분식집을 하는 엄마가 홀로 어렵게 원빈이와 살아갑니다. 그래서 엄마는 원빈이의 미술적 재능을 보면서도 '미술학원'에 보내주

---

3) 카스트에 따른 인도인의 신분은 브라만(승려), 크샤트리아(왕이나 귀족), 바이샤(상인), 수드라(피정복민 및 노예, 천민) 등 4개로 구분되며 최하층인 수드라에도 속하지 않는 불가촉천민(Untouchable)이 있다. 불가촉천민은 '이들과 닿기만 해도 부정해진다'는 생각 때문에 이렇게 부른다.

지 못합니다. 그러던 어느 날 엄마는 같이 일하는 '파키스탄' 청년이 한 말이 가슴에 박혀 어려워도 원빈이를 미술학원에 보내겠다고 결심하게 됩니다.

"난 고향에 동생 네 명 있어. 그래도 안 힘들어. 다 착해. 착한 사람 위해서 고생하면 안 힘들어. 원빈이도 착해."

착한 사람들이 착하게 살아가는데 동화처럼 복을 좀 받으면 좋겠습니다. 그런데 세상은 그리 녹록하지 않습니다. 미술학원의 은수 선배는 대학에 합격했음에도 등록금이 없어 가지 못하고 재수를 하는 형편입니다. 꿈을 놓지 않는 은수의 모습이 안타깝고도 대견합니다. 은수 선배와 원빈이는 종종 함께 수다를 떨며 서로를 격려합니다. 그런데 아픔을 다독거리기는커녕 누가 더 '불가촉 루저'인지를 경쟁하듯 떠들며 이야기합니다.

"한 겨울에 보일러 기름 넣을 돈이 없는 거야. 끓인 물 페트병에 넣어서 끌어안고 자 봤냐? 아침에 그 물로 샤워도 한다."
"한 달 동안 초코파이만 먹어 봤어요?"
"참치캔 헹군 물에 라면 스프 넣고 끓여 먹어 봤냐?"
"그러면 석 달 먹죠."

"40평 아파트에서 등교했다가 월세방으로 하교해 봤어요? 인생이
자이로드롭입니다."

"너 졸라 잘살았구나? 난 모태 빈곤이야. 어디서 깝쳐?"

이렇게 은수와 원빈이는 그들만의 방식으로 서로를 위로합니다.
그걸 보는 다른 친구들은 또 이렇게 말하지요.

"인생 찌질한 게 무슨 자랑이라고 맨날 그렇게 웃고 떠든데?"

은수와 원빈이는 이렇게 대답합니다.

"그렇다고 울기도 좀 그렇잖아?"
"울기에는 뭔가 좀 애매하더라고. 전쟁이 난 것도 아니고 고아가 된
것도 아니고……"

이야기에 나오는 '만화반' 친구들 대부분의 삶은 어렵습니다. 몰
래 술집 아르바이트로 돈 버는 친구도 있습니다. 환경이 어려운 것
도 견디기 힘들 텐데 학원비를 벌기 위해 아르바이트를 하는 원빈이
를 속여 아르바이트비를 안 주려는 주인, 부잣집 딸인 지현이의 포
트폴리오만 준비해주어 대학 '수시 합격'을 할 수 있게 해준 원장선

생님, 이런 어른들의 모습도 원빈이와 원빈이 친구들을 울리기에 충분합니다. 그래도 미래를 꿈꾸며 꿋꿋이 잘 버텨내지요. 그 정도는 견딜 수 있다고 이야기하는 것처럼 '울기엔 좀 애매'하다고 합니다.

그러나 원빈이는 입시가 끝나도 대학에 가지 못합니다. 이런! 어쩌죠? 만화가 '희망'을 보여주지 않네요. 은수 선배처럼 원빈이도 등록금을 마련하지 못한 것입니다. 무슨 일이 일어나도 울지 않던 원빈이가 우는 장면으로 만화는 끝이 납니다. 무슨 일이 생겨도 '울기엔 좀 애매'하다고 하던 원빈이가 드디어 눈물을 흘립니다. 아프고 슬픈 현실이네요.

누가복음 18장에는 어떤 관리가 예수님을 찾아와 어떻게 해야 영생을 얻는지 질문하는 장면이 나옵니다. 예수님은 십계명을 지키라는 답을 하시지요. 그러자 그 관리는 자기는 어려서부터 그 정도는 다 지키고 살았다고 합니다. 예수님은 다시 말씀하십니다.

> "네게 아직도 부족한 것이 하나 있다. 네 재산을 다 팔아 가난한 사람들에게 나누어 주어라. 그러면 하늘에서 보화를 얻을 것이다. 그리고 와서 나를 따르라."(누가복음 18장 22절, 쉬운성경)

부자는 이 말씀을 듣고 고민에 빠집니다. 할 수 없을 것 같았거든요. 그 모습을 보시며 예수님은 부자가 하나님 나라에 들어가는 것보다 낙타가 바늘귀로 들어가는 것이 더 쉽다고 말씀하시지요. 예수님 당시에도 부자와 가난한 자의 불평등은 사회 문제였을 듯합니다.

어차피 우리가 사는 세상에는 '차이'가 존재합니다. 부자가 있고, 가난한 자가 있는 세상입니다. 내가 부자일 수도 있고, 가난한 자일 수도 있습니다. 그 자리가 언제 바뀌게 될지, 계속될지도 모릅니다. 누군가 열심히 노력해서 상황이 바뀌게 되었다면 멋진 일입니다. 하지만 경제적 불평등의 문제는 여전히 존재하며 나보다 많이 가진 사람은 언제나 존재합니다. 당연히 나보다 적게 가진 사람들도 있고요. 그 불평등을 해소하기 위해 '사회복지제도'가 생기고 '노블레스 오블리주'[4]가 필요하다고도 합니다. 하지만 완벽하게 경제적 평등이 실현된 세상은 어디에도 존재하지 않습니다. 그렇게 되기 위해서는 자유를 바탕으로 한 자본주의가 아닌 철저히 통제되어 똑같이 나누는 공산주의가 필요할지도 모르겠습니다. 하지만 그 역시 만들어진 이데올로기 일뿐, 통제하는 자의 권력이 커지면 불평등은 다시 시작될 것입니다.

---

4) 프랑스어로 '귀족'이라는 노블레스와 '책임이 있다'는 오블리주가 합해진 것이다. 높은 사회적 신분층에 있는 사람들이 그에 상응하는 도덕적 의무를 가져야한다는 뜻으로 사회적 책임의식을 가지고 기부에 솔선수범하고 리더십을 가져야 한다는 의미로 주로 사용된다.

『울기엔 좀 애매한』의 작가 최규석은 이야기 속 인물들이 목 놓아 울 만큼 극단적인 상황이 아니기 때문이 아니라 무엇 때문에 슬픈지 모를 만큼 복합적이기 때문에 제목을 이렇게 정했다고 말합니다. 가만히 생각해보면 대부분의 사람의 인생이 이렇지 않을까요? 되게 힘들고 지치지만 울기엔 좀 애매하지요. 그래서 견딥니다. 하지만 간혹 원빈이처럼 기가 막히게 속상한 일도 생길 것입니다. 그러면 당연히 울어야지요. 시원하게 울고 다시 시작하면 됩니다. '차별'이 생기면 투쟁해서 극복해내야겠지요. 그러나 경제적 '차이'는 인정해야 합니다. 평범한 우리가 갑자기 재벌이 될 수는 없으니까요. '복권'이 있으면 가능하다고요? 운이 좋다면 그럴지도 모르겠네요. 하지만 복권에 당첨되고 이전보다 더 망가진 사람들이 많다고 하니 마음을 비우는 게 나을 듯도 합니다. 조금 더 가지면 더 많이 가지고 싶고, 또 가지고 싶고 또 가지고 싶어지는 것이 사람의 욕심이라고 합니다. 나보다 더 많이 가지고 있어 나와 '차이'가 나는 그들에게만 초점을 맞춘다면 욕심은 끝이 없어지고, 자괴감도 끝이 없어지지요. 그렇다면 우리는 이 '차이' 앞에서 어떻게 살아가야 할까요?

　내가 살아가는 곳이 어느 자리든지 '차이'를 대하는 지혜로운 마음, 그것은 바로 '나눔'입니다. 내가 가진 것을 이웃과 함께 나누며 차이의 경계를 허무는 것이지요. 내가 물질을 많이 가졌다면 그것을 나누고, 내가 풍성한 마음을 가졌다면 그것을 나누고, 내가 넘치는 재능을 가졌다면 그것을 나누면 됩니다. 내가 주체할 수 없는 흥을 가졌다면 그것도 나누면 되고요. 나눔은 차이의 벽을 허뭅니다.

"이 세상의 부자들에게 이 말을 전하십시오. 교만하지 말며, 돈을 의지하지 말고, 하나님께 소망을 두라고 가르치십시오. 하나님은 우리가 필요로 하는 모든 것을 주시며, 또 그것을 누리게 하시는 분이십니다. 선한 일을 하도록 노력하며, 베푸는 가운데 부유함을 누리도록 그들을 가르치십시오. 나눠 주고 베풀 때에 맛볼 수 있는 참 기쁨을 말해 주십시오. 그렇게 할 때, 그들은 하늘 창고에 보물을 쌓게 될 것입니다. 이것이 그들의 미래를 위한 든든한 터가 되고 참생명을 얻게 해 줄 것입니다."(디모데전서 6장 17~19절, 쉬운성경)

낙서일기

"다시 너희에게 말하노니 낙타가 바늘귀로 들어가는 것이
부자가 하나님의 나라에 들어가는 것보다 쉬우니라 하시니"
-마태복음 / 9장 24절

부자가 되는 게

무조건 좋지만은 않을 것 같네요.

그쵸?

1. 다섯 번째 수다, '차별과 차이, 그 사이 어디쯤에서'를 읽으며 어떤 생각을 했나요? 스스로 처한 환경에 만족하나요? 나의 삶의 태도는 어떤 태도인지 생각해보세요.

---

2. 『울기엔 좀 애매한』은 힘들게 살아가는 청소년들에 대한 이야기입니다. 이야기를 소개하며 '차이'와 '차별'에 대한 생각을 나누었습니다. '차이'와 '차별'에 대한 내 생각을 말해보세요.

---

3. 『울기엔 좀 애매한』의 주인공 원빈이는 알바를 하다가 나쁜 사장님에게 급여를 받지 못하게 됩니다. 성실한 학생들을 울리는 나쁜 어른들, 청소년들은 어른들의 부조리함을 받아들이기가 힘이 듭니다. 아직은 힘이 없는 청소년들이 그 피해를 고스란히 받아야 하는 경우도 있으니까요. 어른들에게 부당한 일을 당했을 때 우리는 어떻게 해야 할까요? 지혜로운 대처 방안을 생각해봅시다.

---

4. 미술학원의 선생님들은 지현이 집이 부자라는 이유하나 만으로 지현이의 포트폴리오를 정직하지 못한 방법으로 만들어 줍니다. 지현이 집안이 부자인 것은 '차이'로 인정하더라도 '차별'은 옳지 않은 것입니다. 우리 사회에 공공연하게 벌어지는 '차별'은 어떤 것이 있는지 떠올려봅시다. 그리고 이 '차별'을 해결하기 위해 어떤 노력들을 해야할지도 생각해봅시다.

06
학벌이 뭐길래!

『수레바퀴 아래서』
헤르만 헤세 | 민음사

'서 - 연 - 고 - 서 - 성 - 한 - 중 - 경 - 외 - 시 - 건 - 동 - 홍 - 인 - 아 - 국 - 숭 - 세 - 단 - 광 - 명 - 상 - 가 - 한 - 서 - 삼'을 아시나요? 대한민국 고등학생들이라면 한 번쯤은 들어봤음직 한 것입니다. '태 - 정 - 태 - 세 - 문 - 단 - 세 - ....' 조선 왕조를 외우는 것도 아닌데 이 장황한 순서는 도대체 뭐냐고 물을 친구도 있고,

"아.......알아요......"하고 씁쓸한 웃음을 지을 친구도 있을 것 같습니다. '서 -연 -고 ....'는 바로 수도권 대학을 서열화시켜놓은 순서입니다. 다시 말해 '서울대 - 연세대 - 고려대 - 서강대 - ....' 이 순서를 말하는 것입니다. 물론 어떤 대학은 이 순서에 긍정할 수도 있고 부정할 수도 있겠지요. 그러나 우리가 주목해야 할 것은 순서가 아니라 대학을 이렇게 한 줄로 길~~게 서열화시켜놓은 현재의 교육 풍토인 것입니다. 도대체 학벌이 뭐길래 이렇게 유치원, 초등학교에서부터 좋은 학교를 보내려고 난리들일까요?

좋은 학교에 가야, 좋은 직업을 가지고, 경제적으로 안정된 삶을 살 수 있으며, 권력도 가질 수 있다는 생각은 단지 현대 사회에서만 통용되는 생각은 아니었습니다. 우리나라에서만 그렇게 생각하는 것도 아니고요. 신분제도가 있던 시대에 '공부'는 신분이 높은 사람들만 할 수 있는 것으로 여겨지고, 일반 백성들은 어리석고 우매하니 공부가 필요 없다고 여겨졌습니다. 하지만 신분제도가 무너지면서부터 '높은 학벌'은 경제적으로, 그리고 정치적으로 높은 위치에 오르기 위한 유일한 수단이라고 여겨졌지요. 정치제도도 경제제도도 그것을 운용하는 리더의 자리는 한정되어 있으므로 우수한 인재를 '뽑는' 과정이 필요하니까요. 자리가 많지 않으니 인재를 뽑는 과정이 치열해지고 '학벌'이 점점 더 중요시되기 시작했습니다.

하지만 가만히 생각해보면 사회 공동체가 지속해서 성장하고 발전해나가는 것은 '리더' 한사람만의 능력으로 가능한 것이 아닙니다. 각자 다른 능력을 갖춘 사람들이 저마다의 능력을 발휘해야 잘 굴러가게 되지요. 눈에 띄는 '리더의 자리'가 탐나는 심리는 당연하지만 가진 능력에 따라 하고 싶은 일을 찾아가며 사는 것이 진짜 행복의 길, 발전의 길이 될 수 있을 것입니다. 예수님도 교회의 역할에 대해 이야기하시며 각기 다른 일을 하는 여러 지체가 한 몸을 이루듯 교회의 일을 해야 하며 서로 누가 더 잘 났다고 싸우는 건 어리석은 일이라 말씀하셨죠. 더 약하게 보이는 몸의 지체가 오히려 더 요긴하게 쓰이기도 한다고요. 만일 몸의 한 부분이 고통을 받으면 모든 몸이 아픈 것 아니냐고요. 우리가 사는 사회도 이럴 것입니다. 그런데 우리는 자꾸만 공부 잘해서 높은 자리에 앉거나 돈을 많이 버는 것이 행복의 지름길인 것처럼 생각합니다.

헤르만 헤세의 『수레바퀴 아래서』는 작가의 자전적 이야기를 담은 사회비판 소설입니다. 기숙신학교에 진학했지만 견딜 수 없어 1년 만에 중퇴한 자신의 경험을 담아 인간의 창의성과 개성을 짓밟는 획일화된 교육을 낱낱이 비판했습니다.

주인공 '한스 기벤라트'는 시골 마을에서 총망의 대상이었습니다. 명예욕이 많은 아버지와 교장 선생님의 기대를 한 몸에 받으며 어려운 공부들을 묵묵히 견뎌냅니다. 견뎌내야 한다는 생각 밖에는 다른 어떤 생각도 할 수 없는 통제의 상황이었기 때문입니다. 좋아하는 낚시도 언제 했는지 까마득하고 새벽부터 밤늦게까지 공부에만 매달립니다. 목사님과 교장 선생님, 아버지는 한스가 시험에 떨어진다는 생각은 하고 싶지도 않습니다. 한스는 날마다 숨 막히는 압박감과 초조함에 시달립니다.

"왜냐하면, 제가, 저, 제가 물어보려고 한 건 다름이 아니라, 혹시 제가"
"속 시원하게 말해 보려무나. 이게 웬 꼴사나운 짓이냐! 그래 뭔데?"
"혹시 제가 시험에 떨어지게 되면, 김나지움[1]에 다녀도 될까 해서요."
기벤라트 씨는 할 말을 잊고 말았다.
"뭐라구? 김나지움이라구?" 그는 분을 이기지 못한 채 소리를 질렀다.
"네 녀석이 김나지움에 가겠다구? 도대체 어느 놈이 네게 그런 짓을 일러주던?"
"아무도 그런 말 안했어요. 그냥 제가 한 번 생각해 본 거예요."
극도의 두려움이 소년의 얼굴에 스며 있었다. 아버지는 이 사실을

---

1) 독일의 중등교육기관이다. 16세기에 고전적 교양을 목적으로 하는 학교를 김나지움이라 하였는데, 이는 19세기 초에 대학 입학을 위한 준비 교육기관이 되었다.

눈치 채지 못했다.

아버지에게 한스의 생각 따위는 중요하지 않습니다. 한스의 신학교 입학은 아버지의 명예를 높여주기 위한 도구가 되어 버린 것 같습니다. 그런데 슬프게도 이런 모습은 입시제도에 시달리는 우리 청소년들과 별반 다르지 않습니다. 하고 싶은 것도 없고, 꿈도 없으며, 해야 할 목적도 없이 그저 저 멀리 '좋은 대학'이라는 깃발만 바라보며 쉼 없이 달리는 우리 청소년들의 모습이 그에게서 보입니다.

한스는 그 많은 부담을 안고 기어이 주(州)에서 하는 기숙신학교 입학시험에 2등으로 합격합니다. 하지만 그것은 불행의 시작, 한스의 학교생활은 순탄하지 않습니다. 내성적인 한스는 친구들과 잘 어울리지 못합니다. 획일적인 시간표대로 생활해야 하는 신학교의 엄격하고 강압적인 분위기는 한스에게서 삶의 의욕도 점점 빼앗아 갑니다. 엎친 데 덮친 격으로 유일하게 한스에게 위로를 주었던 친구 하일러가 학교를 떠나게 됩니다. 늘 일등을 해야 한다는 생각에 모범생이었던 한스와는 달리 시를 즐기고 자유로운 생각을 가진 하일러가 학교에서 탈출을 시도하다 퇴학처분을 받고 만 것입니다.

학교에서 고립된 한스는 성적마저 바닥으로 떨어지고 신경 쇠약까지 앓게 되어 고향으로 돌아옵니다. 그리고 그는 곧 퇴학을 당하고 맙니다. 마을의 자랑 '한스 기벤라트'는 이제 없습니다.

피폐해진 몸과 마음으로 고향에 돌아온 한스, 도대체 누가 한스를 이렇게 만든 것일까요? 한스 자신의 연약한 마음 때문이라고 하기에는 한스를 감싸고 짓눌렀던 사회가 너무나 가혹하지 않았는가 생각하게 됩니다. 그러나 모든 것은 한스의 탓이 되고 말지요. 아버지와 가족들, 친구들에게 모두 한스는 의지가 약하고 어리석게도 포기를 선택한 실패자로 보일 뿐입니다. 고향으로 돌아온 한스는 시계 부품공장의 견습공이 되지만, 몸이 약하고 경험이 없어서 공장 생활도 잘 적응하지 못합니다. 한스는 '신학교 대장장이'라면서 냉대하는 마을 사람들에게 큰 상처를 받게 되지요. 그의 고향 친구 아우구스트는 이미 자신이 하고 싶은 일을 진로로 정해 당당한 전문 기계공이 되어 있었는데 말입니다. 한스는 한없이 작아지고 우울해집니다.

이야기는 작가 헤세가 살았던 시대의 카톨릭 교회를 비판하고 있습니다. 하지만 오늘날 우리에게도 같은 비판을 던져줍니다. 성경은 물질이나 명예를 채우는 데 시간을 낭비하지 말라고 합니다. 이런 것들은 하나님께서 알아서 채우신다고요. 그런데 안타깝게도 우리는 팍팍한 현실 속에서 이 말씀을 잊고 사는 것 같네요.

"하나님께서 오늘 있다가 내일이면 불 속에 던져질 들풀도 이렇게 입히시는데 너희를 더 소중하게 입히시지 않겠느냐?

믿음이 적은 사람들아! 그러므로 '무엇을 먹을까?', '무엇을 마실까?', '무엇을 입을까?' 하면서 걱정 하지 마라. 이런 걱정은 이방 사람들이나 하는 것이다. 하늘에 계신 너희 아버지께서는 너희에게 이 모든 것이 필요한 줄을 아신다."(마태복음 6장 30~32절, 쉬운성경)

하나님의 형상대로 창조된 우리는 존재만으로 아름답고, 소중합니다. 그러기에 예수님이 죽기까지 우리를 사랑하신 것입니다. 학벌이 좋다고 내가 훌륭해지거나 소중해지는 것이 아니라 그저 하나님이 만드신 나이기에 나는 소중합니다.

우리는 모두 '사회'라는 수레를 굴러가게 하는 '수레바퀴'의 삶을 살아갑니다. 각자의 역할을 행복하고 신나게 한다면 수레는 잘 굴러가겠지요. 그러나 한스는 어른들이 만들어놓은 강압적인 멍에를 지고 가다 쓰러져 수레바퀴 아래 깔리고 맙니다. 어느 일요일 공장 동료들과 술을 마시고 헤어진 후 취한 채 강가를 걷다가 물에 빠져 죽고 맙니다. 한스의 죽음이 자살인지 그저 사고인지 아무도 알 수 없는 의문의 죽음을 맞이합니다.

한스의 삶을 바라보며 유일하게 한탄하며 안타까워했던 구둣방 주인이 있었습니다. 구둣방 주인 플라이크씨는 한스의 장례식에서 한스의 아버지에게 꾸짖듯 한마디 말을 던집니다. 이 말은 마치 기성세대 모두에게 던지는 경고의 메시지 같습니다.

"저기 걸어가는 신사 양반들 말입니다." 그는 나지막한 목소리로 말했다. "저 사람들도 한스를 이 지경에 빠지도록 도와 준 셈이지요."
"뭐라구요?"
기벤라트 씨는 흥분한 나머지 펄쩍 뛰었다. 그리고 말도 안 된다는 듯한 놀라는 표정을 지으며 그를 빤히 쳐다보았다.
"원, 세상에 도대체 그게 무슨 말씀입니까?"
"진정하세요, 기벤라트 씨. 전 그저 학교 선생들을 말한 것뿐이에요."
"어째서요? 도대체 왜 그렇단 말입니까?"
"아닙니다. 더 이상은 말하고 싶지 않습니다. 당신이나, 우리 모두 저 아이에게 소홀했던 점이 적지 않을 거예요. 그렇게 생각하진 않으세요?"

한스는 어른들이 만들어놓은 거대한 수레바퀴 아래 깔려 희생당했습니다. '이것은 하지 마라.' '저것도 안 된다.' '다른 것은 틀린 것이다. 이것만 해라.' 꽉 죄어오는 틀, 숨 막히는 무게를 견디지 못한 것입니다.

기성세대의 말들이 다 낡았고, 고리타분하고 쓸모없다고 이야기하는 것은 아닙니다. 어른들이 주시는 충고와 조언에 맹목적으로 매달리지는 말라는 것입니다. 조언에 귀 기울이는 것은 겹겹이 쌓인 어른들의 경험을 통째로 받아들이는 아주 가성비 높은 활동입니다. 하지만 그 모든 것은 나의 결정에 도움이 되는 요소일 뿐, 내가 갈 길을 정할 때는 학벌에도 연연하지 말고, 물질에도 매달리지 말고, 어른들의 판단에도 기대지 말라는 것입니다.

집안 좋고 학벌 좋았던 전도자 '바울'의 말을 들어보겠습니다.

"사실 육체적으로 보면 나 스스로를 믿을 수도 있습니다. 이 세상 어느 누구보다도 인간적인 조건을 더욱 많이 갖춘 사람 이 바로 나입니다. 나는 태어난 지 팔 일 만에 할례를 받았습 니다. 이스라엘 민족 중에서도 베냐민 지파의 자손이며, 히 브리인 중에서도 히브리인입니다. 모세의 율법은 내 인생의 안내자 역할을 하여 나는 율법을 가장 엄격히 지키는 바리새 인이 되었습니다. 율법을 지키는 것에 너무나 열심이었으므 로 교회를 핍박하기까지 하였습니다. 내가 모세의 율법을 지 키고 따르는 데 있어서는 그 어느 누구도 허점을 찾을 수 없 을 정도였습니다. 그 때는 이 모든 것이 내게 너무나 소중하 고 가치 있는 것들이었습니다. 그러나 예수 그리스도를 만난 이후, 그 모든 것이 아무 쓸모없는 것임을 알았습니다."(골로 새서 3장 20~22절, 쉬운성경)

낙서일기

너무
무거워요.

무엇이 나를 가장 무겁게 하고 있나요?

나도 수다!

1. 여섯 번째 수다, '학벌이 뭐길래'를 읽으며 나는 어떤 생각을 했나요? 공부에 대한 내 생각을 말해보세요. 긍정적이든 부정적이든 내 생각을 펼쳐보세요.

----

2. 『수레바퀴 아래서』 이야기를 읽으며 내게 떠오른 생각들은 어떤 것이 있나요? 나를 짓누르는 수레바퀴는 어떤 것이 있는지 이야기 나눠봅시다.

----

3. 한스의 아버지는 더 나은 미래를 위해 현재의 순간을 어느 정
도 포기해야 한다고 이야기하는 것 같습니다. 한스는 좋아하
던 낚시도 하지 못하고 공부에만 매달리게 됩니다. 우리 청소
년들도 다르지 않습니다. 노래방에 가서 목청껏 노래도 부르
고 싶고, 밤새워 피씨방에서 게임도 해보고 싶습니다. 좋아하
는 가수의 콘서트라면 어느 곳이든 달려가고 싶지요. 하지만
이 모든 것을 공부 때문에 참고 있습니다. 미래를 위한 현재의
투자, 어디까지여야 할까요?

----

4. 한스 기벤라트의 모습을 보면서 '기대를 받는 것'에 대해 생각
하게 됩니다. 부모님의 관심은 우리에게 항상 감사한 일이지만
지나칠 때는 부담으로 다가오는 것이지요. 한스의 마을에 구
둣방 주인이 되어 한스 아버지에게 못 다한 충고를 해보세요.

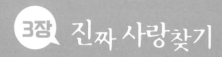 **3장 진짜 사랑 찾기**

"간구의 첫 번째 사람은 너이고
참회의 첫 번째 이름 또한 너이다."

– 나태주 『날마다 기도』 전문

두근두근, 콩닥콩닥.

'사랑'이라는 말은 우리를 설레게 합니다. 사랑에 빠지면 세상이 모두 아름답게 보인다는 말은 사실입니다. 세상이 온통 분홍색으로 보인다, 낭만적으로 보인다 하는 것도 사실이지요. 하지만 어느 순간, 사랑은 우리를 지옥으로 밀어 넣기도 합니다. 이별의 고통, 배신의 아픔에 눈물 흘리기도 하지요. 영원할 것 같았던 사랑이 깨지는 순간, 순수했던 사랑은 순식간에 바보짓이 되어버리기도 합니다. 어떤 사랑은 결실을 맺어 평생 부부가 되어 사는 사랑도 있고, 어떤 사랑은 빨리 뜨거워졌던 만큼 쉽게 식어버려 이별을 낳기도 합니다. 때로는 '사랑하기 때문에 헤어진다'라는 이해할 수 없는 말을 하기도 합니다. 어떤 사랑은 목숨을 걸 만큼 지독하기도 하고, 어떤 사랑은 짝사랑으로 끝나버리기도 합니다. 어떤 사랑이 진짜 사랑일까요? 같은 듯 다른, 다른 듯 같은 사랑 이야기. 어떤 사랑을 찾아가야 할지 생각해 보아야 하지 않을까요?

07
사랑과 집착 사이에서

『젊은 베르테르의 슬픔』
요한 볼프강 폰 괴테 | 박찬기 역 | 민음사

'태양의 후예', '도깨비', '또, 오혜영', '연예의 발견', '열일곱'
이 5개의 드라마의 공통점은 무엇일까요?

아마 1초의 망설임도 없이 누구나 '사랑'이라고 대답했겠지요?
사람들은 드라마를 보며 달콤한 사랑에 열광하고, 가슴 아픈 사랑에
내 일처럼 눈물짓습니다. 안타까운 사랑이 이어지기를 조마조마하

며 응원하기도 하지요. 대한민국의 영화, 드라마는 모두 '기-승-전-로맨스'라고 합니다. 스릴러에도 사랑, SF에도 사랑, 첩보물에도 사랑, 정치드라마에도 사랑, 사랑이 빠지면 재미가 없다고도 합니다. 우리 민족은 '배달의 민족'이기에 앞서 열정적인 '사랑꾼' 민족인가 봅니다.

하긴 우리나라뿐 아니라 사람 사는 곳 어디서든 사랑 때문에 울고 웃고, 사랑 때문에 죽고 살고, 허구한 날, 사랑 때문에 몸부림치는 것이 우리네 삶입니다. 그래서 '사랑'은 곰곰이 생각해보아야 할할 우리 모두의 문제입니다.

1774년 독일에는 심각한 사회 문제가 발생합니다. 당시 유럽 사회의 근간을 이루었던 정신은 '기독교 정신'이었으며 이에 따르면 '자살'은 있을 수가 없는 일이었는데 '괴테'라는 25살의 젊은 작가가 쓴 소설이 선풍적인 인기를 얻으며 젊은이들이 사랑 때문에 자살하는 일이 유행처럼 번져나갔기 때문입니다. 이 소설은 종교라는 굴레 안에서 감정을 억누르고 신의 영광을 위해 살아야 했던 당시 사람들에게 충격적인 '인식의 변화'를 주었습니다. 마치 종교의 권위에서 탈출하려는 반란군들처럼 자살이 번져나갔습니다. 이 작품이 바로 『젊은 베르테르의 슬픔』입니다.

『젊은 베르테르의 슬픔』은 종교적 금기와 고정관념을 깨고 죽음마저도 인간이 스스로 선택하고 인간의 권리를 찾으려는 했다는 평가를 받았습니다. 그러나 '죽음의 자유'는 '죽음의 유행'을 만들어내고 그 자유의 아름다움은 어둠에 휩싸이고 맙니다. 『젊은 베르테르의 슬픔』은 격정적인 문체와 사랑에 대한 격렬한 감정이입을 만드는 섬세한 표현으로 독자들을 매료시켰습니다. 나폴레옹은 전쟁터에도 이 책을 가지고 다닐 정도로 좋아했으며 마오쩌둥 역시 『젊은 베르테르의 슬픔』에 빠졌었다고 합니다. 그러나 '베르테르 효과'[1]를 낳을 만큼 매력적인 이 지독한 '베르테르'의 사랑이 과연 진짜 사랑이었을까요? 이야기를 좀 더 자세히 살펴보아야겠습니다.

괴테는 이야기의 서두부터 베르테르가 원래 '우울함'을 가진 인물임을 알려줍니다. 편지글로 이어지는 서간체 문학인 이 소설의 첫 부분에는 베르테르가 대자연으로 둘러싸인 시골로 와서 마음에 평안을 느끼며 친구에게 자신의 감정을 드러내는 부분이 나옵니다.

"친애하는 벗이여, 자네에게 나는 약속하겠어. 마음을 고쳐먹겠다고 말야. 내가 이제까지 늘 하던 대로 운명이 우리에게 마련해 준

---

[1] 유명인이나 자신이 모델로 삼고 있던 사람 등이 자살할 경우, 그 사람과 자신을 동일시해서 자살을 시도하는 현상

조그마한 불행을 부질없이 되씹던 그런 습관을 이젠 더 이상 계속 하지 않겠다. 현재를 있는 그대로 즐기겠어. 과거는 과거대로 흘려 보내고 말야. 확실히 자네 말이 옳았어. 친구여, 만일 인간이 -- 왜 인간이 그렇게 만들어졌는지 모르지만 --- 그처럼 풍부한 상상력 을 발휘해서 지나간 불행에 대한 추억을 불러일으키려고 하지 않 고 차라리 현재를 무난하게 참고 견디어 나간다면 인간의 고통은 훨씬 줄었을 거야."

베르테르는 이곳에서 마음에 안정을 찾고 이곳 사람들과 좋은 관 계도 만들어갑니다. 하지만 그 평화는 오래 가지 않습니다. 뜻하지 않게 첫눈에 반하게 되는 운명의 여인을 만나는데 그녀는 이미 약혼 자 알베르트가 있는 여인입니다. 베르테르는 그녀를 향한 마음을 접 으려 하지만 그녀가 만들어 놓은 사랑의 늪에서 빠져나오지 못합니 다. 도덕적 판단이나 윤리적 사고는 이미 사랑 때문에 잊혀진듯 합 니다. 베르테르는 감정의 폭풍을 만납니다. 우울함과 좌절, 사랑의 기쁨과 환희를 동시에 만나며 정신없이 흔들립니다.

그러던 중, 사랑스러운 여인 로테의 약혼자인 알베르트가 일 때문 에 도시로 나가 있는 동안 베르테르는 위험한 사랑을 즐깁니다. 매 일 그녀의 집에 들러 그녀와 음악을 이야기하고 일상을 나누며 점점 더 열정적 사랑에 사로잡힙니다.

"아아, 무의식중에 내 손가락이 로테의 손가락에 닿거나, 발이 탁자 밑에서 서로 부딪치기라도 할 때 내 혈관이란 혈관이 얼마나 마구 뛰고 치솟는지 모른다. 그러면 나는 불에라도 덴 것처럼 손과 발을 움츠린다. 하지만 곧 다시 신비로운 힘에 이끌려서 살며시 몸을 편다. 내 감각 전체가 현기증에 걸린 듯 어지러워진다."

그러나 알베르트가 돌아오자 허무하게 베르테르의 사랑은 깨어집니다. 로테는 알베르트와 결혼합니다. 이제 베르테르는 그의 사랑을 멈추어야 합니다. 하지만 위험하게도 그의 사랑의 질주는 멈추지 않습니다. 그는 로테와 만나 시와 음악을 이야기하며 '친구'를 가장합니다. 그의 감정은 점점 자제력을 잃어가고 날마다 사랑이 주는 고통에 괴로워하지요.

"그녀를 내게서 멀어지게 해주십시오!" 하고 기도를 할 수는 없다. 그녀가 가끔 나의 것처럼 느껴지곤 한다. "그녀를 내게 주십시오!" 나는 그렇게 빌 수도 없는 입장이다. 그것은 그녀가 다른 남자의 소유이기 때문이다. 나는 한 없이 괴로운 마음으로 그런 궤변을 늘어놓고 있다. 이렇게 나가다가는 명제와 반명제의 끝없는 되풀이가 되어버리겠다."

사랑이 베르테르를 무너뜨리고 혼란에 빠뜨립니다. 한 사람을 무너뜨리는 '사랑'을 우리는 종종 '집착'이라고 부릅니다. 베르테르의 사랑은 '진짜 사랑'일까요? '집착'일까요? 우리가 아름다운 사랑이라 느끼는 것들은 이성적인 사랑일까요? 감성적인 사랑일까요? 베르테르의 열정을 비정상적 집착이라 치부한다면 사랑에 대한, 문학에 대한 모독이라 생각할지도 모르겠습니다. 하지만 그의 사랑이 우리에게 불편한 마음을 주는 것도 사실입니다.

선생님은 만난 첫날 "나한테 시집와요."라고 말하는 폭풍 같은 사랑을 만났습니다. 이것도 정상은 아닌 것처럼 보이나요? 하지만 선생님은 그 사람과 만나면서 점점 더 '예수님의 사랑'에 대해 생각하게 되더라고요. 나와 그의 사랑이 예수님의 사랑과 얼마나 닮아있나를 보게 되더라고요 어떤 사랑도 예수님의 사랑과 비교될 수는 없지만 닮은꼴 일 수는 있습니다.

"이로써 우리는 하나님께서 우리를 위해 베푸신 그 사랑을 알수 있고, 그 사랑을 굳게 믿을 수 있습니다. 하나님은 사랑이십니다. 사랑 안에 사는 사람은 하나님 안에 사는 사람이며, 하나님도 그 사랑 안에 계십니다."(요한1서 4장 16절, 쉬운성경)

진짜 사랑을 하면 사랑하는 사람의 삶을 배려하게 됩니다. 사랑하는 사람이 행복하기를 바라니까요. 우리 예수님의 사랑과 닮았죠? 진짜 사랑을 하면 사랑하는 사람을 지켜주고 싶습니다. 그것 역시 예수님의 사랑과 닮았습니다. 진짜 사랑을 하면 상대방에 대한 '인내'를 감당합니다. 예수님이 날마다 우리가 어리석으므로 짓는 범죄를 참아내시는 것처럼요. 극단적인 예를 들어볼까요? 사랑을 가장한 스토커들의 사랑은 어떤가요? 그들은 자신의 사랑을 위해 상대방의 감정은 무시합니다. 상대방을 배려하지 않습니다. 상대방의 어떤 행동도 참아주지 않지요.

베르테르의 사랑은 어떠했나요? 그의 사랑은 너무 가슴 아픈 사랑입니다. 이루어질 수 없는 사랑을 했으니까요. 짝사랑이 죄는 아니지만, 그 사랑 때문에 상처받는 사람이 생기고 타인의 삶까지 무너지게 만든다면 그것은 잘못된 길이라 할 수 있을 것입니다.

『젊은 베르테르의 슬픔』에는 또 한 명의 '사랑 중독자'가 나옵니다. 그 남자는 로테의 아버지 밑에서 서기로 일하던 사람이었습니다. 그는 남몰래 로테를 사모하다가 마침내 사랑을 고백했고 그 때문에 파면을 당했습니다. 그리고 끝내는 미쳐버려 살인을 저지릅니다. 베르테르는 그의 심정을 이해하기에 그를 변호해주려 했지만 끝내 사형선고를 받고 말지요.

"사랑은 거짓이 없어야 합니다. 악을 미워하고 선을 굳게 붙드십시오." (로마서 12장 9절, 쉬운성경)

하나님의 사랑에는 거짓도 없고 악한 것도 없습니다. '사랑'이 맹목적인 행동으로 치달아 '악한 마음'을 만들어 낼 때 우리는 그것을 사랑이라 부를 수 없습니다. 작가 괴테는 바람둥이처럼 수많은 여인과 스캔들을 만들어냈다고 합니다. 여기저기에 그의 사랑에 대한 소문들이 무성했지요. 그 여인들이 괴테에게는 문학의 원천이 되어 아름다운 시 같은 『젊은 베르테르의 슬픔』의 문장들을 만들어냈겠지만, 그가 진정한 사랑에 목말랐기에 끊임없이 사랑을 찾아 헤매지 않았을까 생각하게 됩니다.

베르테르는 결국 로테에게 구애하며 키스를 시도하고, 당황한 로테는 베르테르와의 절교를 선언합니다. 절망에 빠진 베르테르는 알베르트에게 빌린 총으로 자신의 머리를 쏘아 권총 자살로 생을 마감하지요. 베르테르의 '권총 자살'로 끝을 맺는 이 이야기의 독일어 원제를 해석하면 '슬픔'이라는 의미보다는 '고통'이나 '고뇌'를 뜻한다고 합니다. 베르테르가 삐뚤어진 사랑이 만든 해결할 수 없는 고통을 하나님 앞에 내려놓았다면 시편의 기자처럼 이렇게 노래할 수 있지 않았을까요?

"내가 고통 중에 여호와께 부르짖었더니 여호와께서 응답하시고 나를 넓은 곳에 세우셨도다."(시편 118편 5절, 쉬운성경)

나에게 사랑이 찾아왔을 때, 정말 사랑한다고 느끼는 그 또는 그녀가 나에게 다가왔을 때, 내 사랑이 진짜 사랑인지 다시 한번 생각해보세요. 내 옆에 남자 친구를, 내 옆에 여자 친구를 정말 사랑한다면 내 마음의 갈등이, 내 마음의 고통이 무엇을 의미하는지, 내 사랑이 진짜인지 생각해보세요. 열정적인 사랑을 가장한 잘못된 욕망일지도 모르니까요.

뭘 아직 학생인데 그렇게 심각하게 사랑을 하느냐고 할 수도 있겠지만 우리 친구들 같은 청소년들이 '가짜 사랑'에 눈이 멀어 몸과 마음에 모두 상처를 입는 일들이 점점 많아지고 있는 세상이니 염려하지 않을 수가 없습니다. 청소년들은 순수하고 열정적입니다. 사랑을 찾으면서도 이것저것 돈, 명예와 같은 조건을 맞추는 어른들과는 다르지요. 그래서 '사랑에 눈먼 질주'에 쉽게 빠지기도 합니다.

여러분의 '사랑'을 만나거든, '진짜 사랑'이 무엇인지, 내 사랑이 예수님의 '진짜 사랑'과 닮았는지 생각해보는 지혜가 필요합니다.

성경이 보여주는 진짜 사랑을 곱씹어 보며 첫 번째 사랑 이야기를 마무리하겠습니다.

"사랑은 오래 참습니다. 사랑은 친절합니다. 사랑은 시기하지 않습니다. 사랑은 자랑하지 않습니다. 사랑은 교만하지 않습니다. 사랑은 무례히 행동하지 않습니다. 사랑은 자기 유익을 구하지 않습니다. 사랑은 쉽게 성내지 않습니다. 사랑은 원한을 품지 않습니다. 사랑은 불의를 기뻐하지 않고 진리와 함께 기뻐합니다. 사랑은 모든 것을 덮어 주며, 모든 것을 믿으며, 모든 것을 소망하며, 모든 것을 견뎌 냅니다. 사랑은 영원합니다. 예언은 있다가도 없고, 방언도 있다가 그치며, 지식도 있다가 사라질 것입니다."(고린도전서 13장 5~8절, 쉬운성경)

낙서일기

예수님의 사랑법,

어떤 것이었는지 정리해볼까요?

나도 수다!

1. 일곱 번째 수다, '사랑과 집착 사이에서'를 읽으며 나는 어떤 생각을 했나요? 나의 사랑이야기를 털어놓으세요.

----

2. 『젊은 베르테르의 슬픔』은 멈출 수 없을 만큼 질주하는 사랑에 대한 이야기입니다. 내가 생각하는 이상적이고 아름다운 사랑은 어떤 것인지 이야기 나눠보세요.

----

3. 베르테르의 지독한 사랑을 받았던 '로테', 순수하고 아름다운 여인 로테는 베르테르의 죽음에 아무 책임이 없을까요? 사랑받는 자의 책임에 대해 이야기해보세요. 우리는 하나님의 사랑을 받는 자들입니다.

----

4. 권총 자살로 생을 마감한 베르테르를 보면서 우리는 안타까운 사랑에 가슴 아파하지 않을 수 없습니다. 그의 선택에 대해 이야기 나눠보세요. '자살'이라는 선택은 어쩔 수 없는 선택이었을까요? 잘못된 선택이었을까요? 한 가지 입장을 정하고 베르테르를 변론하거나 베르테르를 비판해보세요.

08
온전한 사랑, 그 무거움을 감당하다

『제인 에어』
샬럿 브론테 글 | 이혜경 옮김 | 푸른숲주니어

조선 후기 우리 예술계에는 굵직한 화가 3명이 등장합니다. 김홍도와 신윤복. 그리고 김득신이라는 화가입니다. 이들은 조선 후기 서민들의 삶을 실감 나게 그린 풍속도를 남김으로 역사를 고증하고 예술을 발전시킵니다. 이 중 선생님이 지금 주목하고 싶은 사람은 바로 '신윤복'입니다. 신윤복의 풍속화는 무엇보다도 남녀가 어우러져 노는 모습을 그린 그림이 많습니다. 조선 시대의 유교적 경향에 반하는 획기적인 일이기에 흥미롭기도 하지만 그의 그림에 담긴 풍자성과 해학성, 개성 있고 매혹적인 색채는 지금의 우리가 보아도 매력을 느끼기에 충분합니다.

■ 출처: 간송미술재단 〈월하정인〉

신윤복의 그림 중에 선생님이 제일 좋아하는 그림은 '월하정인(달빛 아래 사랑하는 사람이란 뜻이랍니다)'이라는 그림입니다. 이 그림에는 어스름 달빛 아래 수줍어하는 여인과 그 여인을 사랑스럽게 바라보는 선비가 있습니다. 선비는 여인을 위해 어두운 길을 밝혀주는 초롱을 들고 서 있지요. 그리고 연인들이 기대어 서 있는 담벼락 한편엔 한 줄 글이 써있는데 그 뜻이 '달빛 어두운 밤 삼경, 두 사람 마음이야 둘 만이 알겠지'입니다. 정말 재치가 넘치는 글귀지요? 굳이 '월하정인'의 마음을 한 줄 글로 딱 잘라 말해주기 보다는 그림을 보며 그들의 마음을 상상하게 해주니까요. 자유롭게 사랑하며 연애하기에 여러 가지 제약이 많았던 조선시대에 '자신만의 사랑'을 찾아 나선 정인들의 모습이 예뻐 보이는 그림입니다.

샬럿 브론테의 소설 『제인 에어』 역시 사랑에 대한 이야기를 하고 있습니다. 물론 『제인 에어』라는 작품이 '사랑'만을 이야기하는 것은 아닙니다. '월하정인'이 그려졌던 우리나라 조선 시대처럼 여성에게 제약이 많았던 19세기 영국의 가부장적인 사회 분위기에 대한 이야기도 담고 있으니까요. 또한 인간의 욕망과 열정, 결혼 등 삶에 대한 많은 생각을 하게 되는 것이 『제인 에어』라는 작품입니다. 작품 속에서 우리가 볼 수 있는 의미들이 참 많지만 지금은 제인의 '사랑'에 주목해봅시다.

제인 에어의 어린 시절은 불우했습니다. 부모님을 일찍 여의고 외삼촌 집에서 살게 되었죠. 그런데 외삼촌마저 일찍 돌아가시자 외숙모의 구박을 받으며 모진 더부살이를 하게 됩니다. 그러다 결국 쫓겨나다시피 '로우드 자선 학교'라는 기숙학교로 가서 8년이라는 긴 시간을 외로움과 나쁜 환경, 편견과 싸우며 살게 됩니다. 마침내 학교를 졸업하고 지긋지긋한 로우드 학교를 떠나서 제인은 그녀의 인생을 바꾼 손필드가의 가정교사로 들어가게 됩니다. 그곳에서 평생의 정인이 된 '로체스터'를 만나게 되지요. 로체스터와 제인의 만남은 처음엔 갈등의 연속이었습니다. 귀족가의 남자와 가정교사와의 만남이었으니 그 당시로써는 당연한 갈등이었을 것입니다. 그때까지도 엄연한 신분 차가 있다고 느끼던 시대였으니까요. 그러나 제인은 로체스터 앞에서 항상 당당합니다.

"만약 하느님께서 저한테 아름다운 외모와 많은 재산을 주셨더라면 당신 곁을 떠나야 하는 지금의 저처럼 당신도 저를 떠나기 힘들었을 거예요. 관습이나 세속적인 기준에 따라 말하고 있는 게 아니에요. 우리가 죽고 나면 하느님 앞에서 동등하듯이 내 영혼이 당신의 영혼에 대고 말하는 거라고요! 사실 지금도 동등하긴 하지만요."

물질만능주의가 만연한 현대를 살아가는 사람들은 사랑마저도 '돈'과 '명예'를 갖기 위한 수단으로 사용하는 경우가 종종 있습니다. 드라마나 영화에서는 이를 풍자하여 재벌가의 '정략결혼'과 같은 이야기를 전개하고, 재벌 상속자를 잡아 신분 상승을 노리는 '신데렐라 콤플렉스'로 무장한 인물들도 등장시키지요. 씁쓸한 세태 반영이라 기분이 좀 나쁩니다. 하지만 이런 사랑은 진짜 사랑이 아니라고 제인이 당당하게 말해주네요.

간혹 학생들도 이런 어리석은 사랑을 사랑이라 믿는 경우를 본 적이 있습니다. 오빠가 사주는 화장품, 오빠가 사주는 액세서리, 오빠가 사주는 가방이 좋아서 연애하고, 곱게 화장한 상큼한 얼굴, 마음을 녹이는 상냥한 목소리, 섹시한 미니스커트에 반해 여자 친구를 만나는 그런 친구들 말입니다. 이런 외적인 조건들에 정신이 팔리다 보면 쉽게 육체적 사랑의 유혹에 빠지는 경우도 생깁니다. 외적인 것을 보고 만남을 시작했으니 외적인 욕망에 사로잡히게 되는 것입니다. 책임감 없는 사랑이 시작되는 것이지요. 청소년도 똑같은 사람인데 사랑하는 사람과 포옹하고 키스하는 게 왜 나쁘냐고 묻는 친구들도 종종 있습니다. 나쁜 건 스킨십이 아니라 사랑이 없는 스킨십입니다. 사랑이 아니라 '호기심'으로 시작된 스킨십은 무책임한 '가짜 사랑'이라는 것이지요. 손필드가에도 이런 여인들이 자주 놀러옵니다. 돈 많은 로체스터와 결혼하기 위해서요. 그러나 제인은 그런 여인들과는 다른 사랑을 합니다.

다시 제인의 사랑으로 돌아가 보겠습니다. 제인은 로체스터와 사랑에 빠지지만 그의 미친 부인이 저택의 밀실에 갇혀 있다는 충격적인 비밀을 알게 됩니다. 로체스터는 제인을 놓치기 싫어 비밀을 이야기할 수 없었고, 비밀이 탄로 난 순간에도 그녀를 놓지 못합니다. 하지만 제인은 그 길로 손필드가를 떠납니다.

"제인, 정말 가려는 거요?"
"네, 가야 해요."
가겠다는 말을 해야 한다는 건 참을 수 없이 고통스러웠다. 내 마음은 로체스터 씨의 곁에 남아 상처를 보듬어 주라고 말하고 있었다. 하지만 이성은 도덕적인 원칙에 따라 나 스스로를 지키라고 다그쳤다.

제인의 선택은 가슴 아프지만 올바른 선택이었습니다. 때로 우리는 감성과 이성이 충돌하는 경험을 할 때가 있습니다. 제인은 사랑하는 마음을 누르고 올바름을 선택했습니다. 학원은 접고 엄마 몰래 남자친구랑 놀이동산 야간 개장에 가고 싶어집니다. 친구 집에서 밤새워 공부하고 온다고 말하고 여자 친구랑 밤새워 놀고 싶기도 하지요. 남자 친구가 자꾸 사랑을 빌미로 육체적 사랑을 바라는 '은밀한 요구'를 하는데 아주 난감 할 때도 있습니다. 나의 사랑이 옳지 않은 일을 원할 때는 사랑을 내려놓는 용기도 우리에게 필요합니다.

제인은 로체스터를 떠나 정처 없이 눈 쌓인 광야를 걷다가 쓰러집니다. 그리고 쓰러진 제인을 세인트 존이 구합니다. 선교사였던 그와 제인은 함께 일을 하며 동역자로서의 삶을 살아갑니다. 제인은 선교 활동을 하는 그와 결혼하여 인도로 가기로 결심하게 되지요. 사랑인가요? 세인트 존은 이것이 사랑이라 여겼습니다. 제인 역시 고마움과 안정감을 느끼며 그것이 사랑이라 생각했는지도 모르겠습니다. 하지만 아니었습니다. 조건이 맞아 좋아할 수 있다는 것과 평생을 함께할 사랑을 만나는 것은 다른 일입니다. 헷갈리지 말아야 합니다. 이런 사랑은 어떤 의미에서는 '이기적 사랑'이라고 볼 수 있습니다. 나의 삶의 편안함을 위해 환경을 선택하는 것이지 사랑을 만나는 것이 아니니까요. 순수하지 않은 사랑은 어려움이 닥쳤을 때 함께 극복하고 헤쳐 나가야 할 이유를 찾지 못해 헤어지고 맙니다.

"선생님, 그러면 사랑과 좋아하는 것과의 차이는 어떻게 알 수 있죠? 내 마음을 나도 모를 때가 있잖아요. 그냥 '잘생김'이나 '친절함' 때문에 좋은데 사랑이라고 생각할 수도 있잖아요?"

제인도 그랬나 봅니다. 제인은 친절과 존경과 감사의 마음이 사랑이라고 생각했나 봅니다. 진짜 사랑을 하면 하나님이 우리 안에 거하십니다. 그러니 우리 사랑 안에서 하나님의 성품을 찾아간다면 진짜 사랑을 발견할 수 있겠지요.

"어느 누구도 여태까지 하나님을 본 적이 없습니다. 그러나 우리가 서로 사랑하면 하나님께서 우리 안에 거하십니다. 우리가 서로 사랑할 때 하나님의 사랑은 우리 안에서 완전해질 것입니다."(요한1서 4장 12절, 쉬운성경)

사랑하는 사람에게는 무엇이든 주고 싶습니다. 희생하겠다는 마음으로 주는 것이 아니라 사랑하기 때문에 그저 마음을 다해 주고 기뻐하는 것이지요. 하나님이 독생자 예수를 우리에게 허락하신 것처럼요. 제인의 사랑이 완전했다면 세인트 존과의 결혼을 결심했을 때 평화가 찾아왔을 것입니다. 그를 위해 무엇이든 주는 것이 기쁨이 되었겠지요. 하지만 그녀는 로체스터의 목소리를 떠올립니다. 제인은 세인트 존과의 약속을 깨고 손필드가로 다시 달려갑니다. 쉽지 않지만 용기 있는 행동이었습니다. 돌아가 보니 손필드 저택은 큰 화재로 엉망이 되어있었습니다. 로체스터의 부인은 화마 속에 죽고, 로체스터는 한쪽 팔에 화상을 입고 실명한 상태로 불행한 나날을 지내고 있었지요.

불행해진 로체스터, 이제 가난하고 아무것도 남지 않은 로체스터를 보며 제인은 어떤 선택을 했을까요? 그녀는 그의 모습을 보고 오히려 진정한 사랑을 확인하고 그와 결혼하게 됩니다.

"사랑 안에 두려움이 없고 온전한 사랑이 두려움을 내쫓나니 두려움에는 형벌이 있음이라. 두려워하는 자는 사랑 안에서 온전히 이루지 못하였느니라.(요한1서 4장 18절, 쉬운성경)

청소년들은 '사랑에 나이가 무슨 상관인가요!' '우리도 자유롭게 사랑하게 해주세요.'를 외칩니다. 하지만 제인이 감당했던 온전한 사랑의 '무거움'을 감당할 수 있는지 생각해보아야 할 것입니다. 내 마음과 내 육체가, 그리고 나의 삶이 조금 더 성숙해져서 그 무거움을 즐거이 감당할 수 있을 때 진짜 사랑을 만나길 기도해야 할 것입니다.

이제 막 자신의 삶을 만들어가는 우리 청소년 친구들.

나의 몸과 마음을 오롯이 바치고, 삶을 결정하는 온전한 사랑의 무거움보다는 나를 행복하게 하는 좋은 남자 친구, 여자 친구.

밀당과 썸 사이의 설레임.

아직은 이 가벼움이 즐겁지 않은가요?

낙서일기

어떡하죠? 안 생겨서......
커플 지옥, 솔로 천국이래요! ^^;;

1. 여덟 번째 수다, '온전한 사랑, 그 무거움을 감당하다'를 읽으며 나는 어떤 생각을 했나요? 청소년기의 사랑의 형태에 대한 나의 생각을 말해보세요.

---

2. 『제인 에어』는 사랑과 욕망, 한 여인의 성장에 관한 이야기를 하고 있습니다. 주인공 제인에 비해 로체스터의 사랑은 다소 수동적이고 이기적으로 보이기도 하는데요, 로체스터의 사랑이 그럴 수밖에 없었던 이유를 찾아보세요.

---

3. 조건을 보는 결혼은 진짜 사랑이 아니다. 불행해진다 vs 사랑은 길어야 3년, 조건을 보지 않는 결혼은 피곤함과 결별을 낳는다' 나는 이 두 가지 생각 중에 어떤 생각에 동의 하나요? 내 생각과 이유를 말해보세요.

----

4. 『제인 에어』가 보여주는 결혼관이나 과거 한국사회가 보여준 결혼관은 별반 다르지 않습니다. 현대인들이 느끼기에는 보수적이거나 진부하게 보일 수밖에 없는데요, '이혼에 대한 부정적 시각', '혼전순결'과 같은 전통적인 생각에 대해 나는 어떻게 생각하나요? 또 그리스도인으로 바람직한 결혼관은 어떤 것일까요? 토론해봅시다.

09
나는 지금 그대를 사랑합니다

『꽃을 보듯 너를 본다』
나태주 | 지혜

"나이 아흔을 넘기며 맞는 하루하루 너무도 사랑스러워.
뺨을 어루만지는 바람, 친구에게 걸려오는 안부전화, 집까지 찾아와
주는 사람들, 제각각 모두 나에게 살아갈 힘을 선물하네."

99세 작가 '시바타 도요'의 글을 묶은 작품집 『약해지지 마』에
수록된 '살아갈 힘'이라는 제목의 시입니다. 시바타 도요는 100년

가까이 살아온 인생의 선배로서 일상의 소중함을 상냥하고 잔잔하게 전해줍니다. 팍팍한 삶을 살아가는 사람들에게 따뜻한 위로와 격려를 보내주지요. 시인의 삶을 가만히 들여다보니 그녀에게 살아갈 힘을 준 것은 바로 '사랑스러운 것들'이었네요. 그러니까 '사랑'은 남녀 간의 사랑뿐만 아니라 나의 주변에 있는 모든 사람들과의 사랑 또한 삶의 원동력이 된다는 것입니다. 사랑은 놀라운 에너지원입니다.

'학교 2013'이라는 드라마에서 주인공이었던 고남순(이종석 분)이 멋지게 읊어주는 바람에 한동안 많은 사람들의 마음을 설레게 했던 시가 있습니다.

'자세히 보아야 예쁘다 오래 보아야 사랑스럽다. 너도, 그렇다.' ('풀꽃1' 전문, 나태주)

짧지만 강렬했던 이 시의 여운은 많은 사람들의 마음에 남아 오랫동안 회자되었고, 드라마 종영까지 많은 패러디를 낳기도 했습니다. 소박하고 때 묻지 않은 풀꽃처럼 자세히 보고 오래 보니 사랑스러운 '사람', 그 사람을 사랑하는 순수한 마음이 느껴지는 시입니다.

나태주 시인은 평생을 초등학교 선생님으로 재직한 분이셨습니다. 그래서인지 그의 시어(詩語)는 군더더기 없이 명확하고 꾸밈이 없습니다. 나태주의 시를 읽고 있으면 온통 사랑 때문에 마음이 풍성해지는 것 같습니다. 그 사랑을 함께 누려보려고 합니다. 시를 읽으며 나와 가장 가까운 부모, 형제, 친구, 그 누구라도 떠올릴 수 있다면 그 사랑으로 마음은 따뜻해지고 행복해질 수 있을 것입니다.

예쁘지 않은 것을 예쁘게 보아주는 것이 사랑이다.
좋지 않은 것을 좋게 생각해주는 것이 사랑이다.
싫은 것도 잘 참아주면서 처음만 그런 것이 아니라
나중까지, 아주 나중까지 그렇게 하는 것이 사랑이다.

('사랑에 답함' 전문, 나태주)

예쁜 것을 예쁘게 보고, 좋은 것을 좋아하는 것이 당연한 일인데 사랑은 그런 게 아니라고 합니다. 예쁘지 않은 것을 예쁘게 보아주는 것이 사랑이며, 좋지 않은 것을 좋게 생각해주는 것이 사랑이라네요. 싫은 것도 아주 나중까지 잘 참아주는 것이 사랑이라고 합니다. 예수님도 자꾸자꾸 못난 짓을 반복하는 우리를 오래 참으시며 그렇게 깊이 사랑하십니다. 예수님처럼 사랑하는 것이 사랑임을 다시 한번 보게 되네요.

"우리 주님은 하시기로 약속하신 것을 뒤로 미루시는 분이 아닙니다. 어떤 사람들은 더디다고 생각할지도 모릅니다. 그러나 이것은 하나님께서 우리를 위해 오래 참으시기 때문입니다. 하나님께서는 한 사람이라도 멸망치 않고 모두 회개하고 돌아오기를 바라고 계십니다."(베드로후서 3장 9절, 쉬운성경)

사랑하는 사람이 생기면 아침에 뜨는 해도 그 사람 때문에 뜨는 것 같고, 어제까지 어둡고 침침했던 세상이 갑자기 밝고 행복한 세상으로 보이기도 합니다. 사랑 때문에 살고 사랑 때문에 죽는다는 말도 있지요. '사랑'이 삶의 전부가 되고 맙니다.

나는 너 때문에 산다
밥을 먹어도 얼른 밥 먹고 너를 만나러 가야지 그러고
잠을 자도 얼른 날이 새어 너를 만나러 가야지 그런다
내가 곁에 있을 때는 왜 이리 시간이 빨리 가나 안타깝고
네가 없을 때는 왜 이리 시간이 더딘가 다시 안타깝다
멀리 길을 떠나도 너를 생각하며 떠나고
돌아올 때도 너를 생각하며 돌아온다.
너 때문에 지는 해이다.
너도 나처럼 그러냐? ('너도 그러냐' 전문, 나태주)

아, 정말 징글징글하게 사랑하나 봅니다. 밥을 먹어도 잠을 자도 온통 네 생각뿐이라고 합니다. '너도 그러냐'고 사랑을 확인하는 모습이 어린아이와 같이 참 맑아 보입니다. 연인끼리의 사랑도 이렇겠지만 여러분 부모님을 생각해보세요. 부모님의 짝사랑도 이렇게 눈물겹답니다. 자식들 챙기느라 아플 사이도 없다는 부모님, 자나 깨나 자식 생각만 하는 부모님, 자식들 챙기느라 여행 한 번, 외출 한번 속 시원히 못 가시는 부모님들도 평생을 이렇게 사랑하며 사셨답니다.

> 하늘 아래 내가 받은 가장 커다란 선물은 오늘입니다
> 오늘 받은 선물 가운데서도 가장 아름다운 선물은 당신입니다.
> 당신 나지막한 목소리와 웃는 얼굴, 콧노래 한 구절이면
> 한 아름 바다를 안은 듯한 기쁨이겠습니다. ('선물' 전문, 나태주)

지금 나에게 선물 같은 사람은 누구일까요? 선생님은 사랑하는 부모님, 남편, 그리고 사랑스런 아들딸, 가족들 모두가 정말 아름다운 선물입니다. 하지만 선생님이 만나는 학생들 또한 선물입니다. 나를 돌아보게 하고, 나의 삶의 의미를 주는 그들이 있기에 사랑할 수 있고, 살아갈 수 있습니다. 단 한 사람이라도 이 세상에 나를 필요로 하는 사람이 있다면 나의 삶은 의미 있지 않을까요? 또한 살아

갈 만하며, 사랑할 만하지 않을까요?

우리 삶을 격려하는 나태주 시인의 따뜻한 사랑도 만나봅시다.

기죽지 말고 살아봐. 꽃 피워봐. 참 좋아. ('풀꽃3' 전문, 나태주)

선생님도 여러분 모두를 사랑하며 축복합니다. 기죽지 말고 살아보자구요. 꽃 피울 수 있습니다.

응원합니다.

그 사람 하나가 세상의 전부일 때 있었습니다.

그 사람 하나로 세상이 가득하고 세상이 따뜻하고

그 사람 하나로 세상이 빛나던 때 있었습니다.

그 사람 하나로 비바람 거센 날도 겁나지 않던 때 있었습니다.

나도 때로 그에게 그런 사람으로 기억되고 싶습니다.

('그런 사람으로' 전문, 나태주)

예측할 수 없는 것이 우리네 삶이라고 합니다. 살다 보면 사랑하는 사람과 뜻하지 않게 헤어질 때도 있고, 사랑했던 사람과 거친 오해로 서로를 미워하며 돌아설 때도 있습니다. 안타까운 일로 사랑하는 사람을 잃을 때도 있고요. 하지만 사랑했던 그 순간에 최선을 다

했다면 아름다운 사람으로 기억될 수 있을 것입니다. 그리고 그 기억이 우리를 성숙하게 만들어 줄 것입니다.

> 마당을 쓸었습니다. 지구 한 모퉁이가 깨끗해졌습니다.
> 꽃 한 송이 피었습니다. 지구 한 모퉁이가 아름다워졌습니다.
> 마음속에서 시 하나 싹텄습니다. 지구 한 모퉁이가 밝아졌습니다.
> 나는 지금 그대를 사랑합니다. 지구 한 모퉁이가 더욱 깨끗해지고 아름다워졌습니다.
> ('나는 지금 그대를 사랑합니다' 전문, 나태주)

지구 한 모퉁이를 깨끗하게, 아름답게 하는 일을 열심히 해야겠습니다. 마음껏 사랑해야겠습니다.

놀랍게도 성경에도 나태주의 시처럼 사랑을 노래한 '연애편지'로 가득한 이야기가 있습니다. 구약 성서의 '아가서'입니다. 아가서는 솔로몬이 술람미 여인에게 보낸 러브레터라고 합니다. 아가서를 펼치면 온통 사랑하는 여인을 향한 감미로운 노래로 가득합니다. 친구들이 읽으면 손발이 오그라드는 것 같다고 말할 정도로 달달한 이야기로 가득 차 있지요.

"나의 신부여, 그대 입술에서는 송이 꿀 같은 달콤함이 흘러나오고, 그대 혓바닥 아래에는 젖과 꿀이 있소. 그대 옷에서 풍기는 향기는 레바논의 향기 같아."(아가 4장 11절, 쉬운성경)

"새벽빛같이 솟아오르고, 달처럼 아름답고, 해같이 빛나며, 기를 높이 든 군대같이 당당한 이 사람은 누구인가?
(아가 6장 10절, 쉬운성경)

"나의 사랑하는 이시여, 빨리 오세요. 향나무 우거진 산들을 달리는 노루나 젊은 숫사슴처럼 달려오세요."
(아가 7장 14절, 쉬운성경)

구약성서 중간에 뜬금없이 솔로몬의 연애편지가 들어있는 이유는 무엇일까요? 성경학자들은 아가서에 대한 해석을 '성도와 교회에 대한 하나님의 사랑을 남녀의 사랑에 빗대어 표현한 것이다.'라고 말합니다. 하나님의 사랑이 이렇게 절절하게 교회와 성도들을 향해 있다면 우리의 하나님에 대한 사랑도 점검해보아야 하지 않을까요? 성경이 줄곧 이야기하는 것은 '하나님의 사랑'인데 그 사랑을 '짝사랑'으로 만드는 우리는 늘 매정한 차도남, 차도녀입니다. 사실 그 어떤 사랑보다 우리가 먼저 돌아보아야 할 것은 하나님의 사랑이었습니다.

> "나를 사랑하고 나의 명령에 따르는 사람에게는 수천 대 자
> 손에 걸쳐 한결 같은 사랑을 베풀 것이다."
>
> (출애굽기 20장 6절, 쉬운성경)

> "내 계명을 가지고 그것을 지키는 사람이 나를 사랑하는 사
> 람이다. 그리고 나를 사랑하는 사람은 내 아버지께 사랑을
> 받고 나도 그를 사랑하여 그에게 나를 나타낼 것이다.
>
> (요한복음 14장 21절, 쉬운성경)

우리를 죽기까지 사랑한 예수님의 사랑을 짝사랑으로 만들지 않
을 방법은 '계명'을 지키는 것이라고 하네요. 계명을 지켜야 하나님
을 사랑하는 사람이라는 것을 알 수 있다는 것입니다. 그런데 그 계
명은 하나님을 사랑하는 것에 머무르지 않습니다. 하나님은 우리가
서로 사랑하기를 원하십니다. 우리는 예수님을 닮아가기 위해 부모
님을 사랑하고, 형제를 사랑하고, 친구를 사랑하며 이웃을 사랑하며
살아가야 하는 것입니다. 하나님은 사랑이십니다.

> "내가 너희를 사랑한 것같이, 너희도 서로 사랑하라. 이것이

바로 내 계명이다."(요한복음 15장 12절, 쉬운성경)

낙서일기

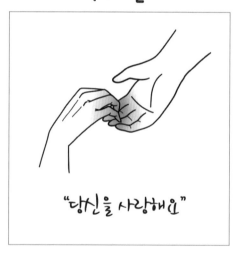

"당신을 사랑해요"

'사랑장'이라 불리는 고린도전서 13장

한 번 써보지 않을래요?

1. 아홉 번째 수다, '나는 지금 그대를 사랑합니다'를 읽으며 어떤 생각을 했나요? 지금 이 순간 나의 사랑을 전해야 할 사람은 어떤 사람이 있나요? 생각해 보세요.

----

2. 『꽃을 보듯 너를 본다』는 시집입니다. 아름다운 '사랑시'들을 읽으며 사랑의 아름다움을 마음껏 느껴보았나요? 가장 마음에 들었던 시에 대해 이야기해보세요. 그 시가 내게 주는 의미가 무엇이었는지 친구들과 이야기 나눠보세요.

----

3. 우리는 사랑이 잊혀가는 시대를 살고 있습니다. 부모와 자식 간에 천륜을 저버리는 범죄들이 일어나고, 무자비한 학교폭력이 일어나고, 이웃 간의 묻지마 폭력이 일어나는 것을 보며 삽니다. 살아가는데 별 실용적 필요는 없어 보이는 '사랑'이란 추상적 개념이 우리 사회에 미치는 영향은 지대합니다. 어떤 영향을 미치고 있을까요? 예를 들어 설명해주세요.

----

4. TV 프로그램 중에 '진짜 사랑'이란 제목을 가진 모큐멘터리(허구의 상황이 진짜 상황처럼 보이게 하는 다큐멘터리)프로그램이 있습니다. 이 프로그램은 가깝고도 먼 사이, '가족'에 대한 이야기를 하고 있습니다. 우리 가족은 '사랑'을 유지하기 위해 어떤 노력들을 하고 있나요? 우리 가족에 대해 돌아봅시다.

빛

모든 인간 존재로부터는
하늘로 똑바로 올라가는
한줄기 빛이 나온다.
함께 있기로 운명지어진
두 영혼이 서로를 발견하는 순간
두 빛줄기는 하나가 된다.
그렇게 해서 하나가 된 두 존재로부터는
더 밝은 한 줄기의 빛이
비쳐 나온다.

- 바알 셈 토브

4장 문명에 말걸기

도시의 저명인사들이 모조리 부두에 나와 우리 일행을 맞이했고, 저마다 뜨거운 악수를 청했지요. 나는 사람들에 둘러싸여 이리저리 밀려가면서 승리감에 도취되어 명예의 연단으로 인도되었습니다. 그런데 그곳에는 예기치 못한 놀라운 일이 기다리고 있었습니다. 나팔 소리와 북소리가 울려 퍼지는 가운데, 여섯 마리의 송아지가 끄는 마차에 실려 다가오는, 아름답고 숭고한 거인 안탈라의 머리가 보였습니다."

– 프랑스아 플라스 『마지막 거인』 중에서

중학생이 되어 가장 먼저 만난 '세계사' 이야기는 무엇인가요? 아마도 대부분 '4대 문명' 이야기였을 것입니다. 인류 문명의 시작이 되었던 4개의 문명! 메소포타미아, 이집트, 인더스, 황허. 이들 문명의 시작을 들여다보면 공통점이 있습니다. 글자를 만들고, 건물을 세우고, 권력자들이 세워지지요. 강력한 왕의 통치하에 믿을 수 없을 만큼 헌신적인 민중의 희생으로 도시가 세워지고 번성합니다. 그 와중에 자연은 점점 더 인간의 관심에서 멀어지기 시작합니다. 인간은 자연을 이용할 뿐 돌보지는 않습니다. 자연이 주는 많은 것들로 배를 채우고 몸을 편히 누이고 더불어 다른 인간과 뺏고 뺏기는 전쟁을 벌입니다. 어리석게도 인간이 자연으로 다시 눈을 돌리게 된 때는 이미 자연이 '자기 회복력'을 상실할 정도로 망가진 후였습니다. 숲을 파괴하다 문득 숲의 푸르름이 그리워져 숲이 있던 곳으로 눈을 돌리자 그 자리는 이미 잿빛 빌딩들로 가득 차 버린 것이지요.

문명이 세워짐으로 우리는 많은 것을 얻었지만 많은 것을 잃기도 했습니다. 무엇을 얻고, 무엇을 잃었을까요? 우리가 가진 것과 우리가 잃은 것을 곱씹어 봅니다.

10
정복자 인간, 자연을 무너뜨리다

『마지막 거인』
프랑수아 플라스 | 디자인 하우스

"인간의 욕심은 끝이 없고, 같은 실수를 반복하지."

블락비의 노래 가사처럼 인간의 욕심은 태초부터 지금까지 쭉 같은 실수를 반복해왔습니다. 아담과 하와의 '하나님과 같아지려는' 욕심은 천국과 같은 에덴동산에서 그들을 쫓겨나게 합니다. 바벨탑을 쌓아 올리던 인간들은 '하나님이 계신 그곳에 닿으려' 했지만, 하나님이 언어를 흩으시자 탑을 쌓아 올리던 계획은 무너지고 맙니다. 과한 욕심이 나쁜 결과를 가져온다는 것을 배우고 또 배우면서도 사람들은 끝없이 그 길을 계속 갑니다. 광야에서 '하늘의 양식'이었던 만나를 경험할 때도 그 실수는 반복됩니다. 욕심 없이 먹을 만큼만 거두라는 하나님의 명령에 순종하지 않았다가 만나에서 벌레가 생기고 냄새가 나는 걸 보게 되지요.

끊임없는 인간의 욕심 가운데 가장 폭력적이고 야만적인 욕심은 바로, '정복욕'입니다. 욕심에 찬 인간은 자기보다 약한 존재를 무조건 정복하고 차지해서 자신의 소유로 만들려 합니다. 그다음에는 자기 마음대로 휘두르려고 하지요. 사람 대 사람의 관계에서만 아니라 자연을 대할 때도 인간은 이렇게 '정복욕'을 발휘합니다.

하나님은 태초에 세상을 창조하시고, 인간에게 이렇게 명하십니다.

"하나님께서 사람에게 복을 주시며 말씀하셨습니다. '자녀를 많이 낳고 번성하여 땅을 채워라. 땅을 정복하여라. 바다의 물고기와 하늘의 새와 땅 위에 움직이는 모든 생물을 다 스려라.'"(창세기 1장 28절, 쉬운성경)

이 말씀은 폭군 네로나 연산군과 같이 백성의 아픔을 아랑곳하지 않는 '정복자'가 되라는 말씀이 아닙니다. 하나님 보시기에 '심히 좋았던' 아름다운 세상을 그대로 지키고 아껴주는 정의로운 '통치자'가 되라는 이야기이지요. 하지만 욕심 많은 인간은 자연을 마음대로 사용하고 마음대로 내팽개칩니다. 『마지막 거인』(프랑스아 플라스)은 자연과 더불어 살아가지 못하고 자연을 파괴하는 인간의 잔혹한 이기심을 비판하는 그림책입니다.

주인공 '아치볼드 레오폴드 루트모어'는 지리학자입니다. 그는 여행을 하며 오래된 물건들을 수집하고 연구하는 일을 즐겨합니다. 루트모어는 어느 날 우연히, 늙은 뱃사람에게서 주먹만 한 크기의 '거인의 이'라는 기이한 물건을 사게 됩니다. 거기에는 놀랍게도 아주 상세한 지도가 그려져 있었지요. 그는 그곳이 '거인족의 나라'라 확신하고 사람들을 모으고 준비를 단단히 해서 그곳을 향해 출발합니다.

아, 그는 몰랐겠지만 그의 이런 지적 호기심은 그의 삶을 송두리째 바꿔놓는 불행의 씨앗이 되고 맙니다. 호기심은 때로 삶의 활력소가 됩니다. 관심 있는 그 무엇인가를 찾아내고 즐겁게 그 일을 해나갈 수 있게 해주니까요. 하지만 때로는 잘못된 길로 달려가게 하는 폭주 기관차의 불쏘시개가 되기도 하지요.

아치볼드도 폭주 기관차처럼 멈추지 못합니다. 험한 여정 때문에 함께 간 사람들 모두가 떠나거나 죽게 되어도 끝내 그는 거인국을 찾아냅니다. 그리고 자연과 더불어 사는 거인들과 꿈같은 나날들을 보냅니다. 거인들은 믿을 수 없이 아름다운 목소리로 노래를 부르고, 밤새도록 별들을 차례대로 불러냅니다. 신비롭게도 그들의 몸에 새겨진 문신은 그들이 보고 듣고 노래한 자연의 모습 그대로였습니다. 그 문신은 거인들이 애써 그려내는 것이 아니라 그들이 느끼면 그 모든 것이 몸에 자연스럽게 새겨지게 되는 것이었습니다. 아치볼드와 가장 가까웠던 안탈라의 몸에는 아치볼드가 새겨지게 됩니다. 아치볼드는 이 모든 것을 자신의 수첩에 빼곡히 기록해놓습니다. 여기까지 이야기는 아름다워 보입니다. 자연 그 자체를 보여주는 거인들과 그와 함께 하는 아치볼드의 일상은 평화롭기 그지없습니다.

탐험에 지친 아치볼드는 거인족과 지낸 일 년을 뒤로하고 거인들과 이별하고 집으로 돌아옵니다. 그리고 여기서부터 아치볼드의 욕심과 가슴 아픈 실수가 이어집니다. 집으로 돌아온 아치볼드는 그의 수첩을 가득 메웠던 거인들에 대한 이야기를 책으로 출판해 세상에 내어놓습니다. 그는 이 일에 학자적 자부심과 긍지를 느끼게 됩니다. 많은 학자들의 시기와 반발도 받게 되지만 아랑곳하지 않습니다.

"이 모든 비난과 끝 없는 논쟁은 내 결심을 더욱 확고하게 만들 따름이었습니다. 불순하고 소소한 지식에 젖어 있는 세상 소인배들의 눈을 뜨게 해주는 것이 진리의 의무요, 학문의 도의라고 생각했습니다. 마침내 사람들은 높은 계곡에 사는 거인족의 발견자이자 대변인인 나 아치볼드 레오폴드 루트모어의 말을 경청하게 되었습니다."

그의 자긍심에 동의가 되는 가요? 끝없는 욕심을 합리화하기 위한 변명 같지 않은가요? 성경은 인간의 욕심에 대해 이렇게 이야기합니다.

"사람이 시험을 받는 것은 자신의 악한 욕심에 이끌려 유혹을 받기 때문입니다. 욕심은 죄를 낳고, 죄는 점점 자라 죽음을 가져옵니다."(야고보서 1장 14~15절, 쉬운성경)

안타깝게도 성경이 말한 대로 아치볼드의 욕심은 죽음을 만들어 냅니다. 자신이 아니라 거인들의 죽음을 초래하게 되지요.

"나팔 소리와 북소리가 울려 퍼지는 가운데, 여섯 마리의 송아지가 끄는 마차에 실려 다가오는, 아름답고 숭고한 거인 안탈라의 머리가 보였습니다. 나는 갑자가 온갖 소란 속에서 분노와 공포와 고통에 사로잡혀 침묵에 빠져들고 말았습니다. 깊이를 모를 심연의 슬픔, 그 밑바닥에서 감미로운 목소리가, 아! 너무도 익숙한 그 목소리가 애절하게 말했습니다. "침묵을 지킬 수는 없었니?"

거인이 실재하고 있다는 달콤한 비밀을 폭로하고 싶었던 아치볼드의 어리석은 이기심이 별을 꿈꾸던 아홉 명의 아름다운 거인을 죽음으로 몰았던 것입니다. 아치볼드의 책 덕분에 많은 사람이 거인국에 대해 알게 되고, 정복욕으로 들뜬 사람들은 거인국으로 몰려가 평화로운 거인들의 땅을 짓밟고 살육하고 말았습니다. 단지 볼거리를 만들겠다는 이기심으로 말입니다.

『마지막 거인』의 이야기가 만들어진 것이라 지나치게 극단적이라 생각할지도 모르겠습니다. 하지만 알고 보면 우리가 사는 세상에 비일비재하게 생겨나는 일들입니다. 뉴스에 한 번 소개된 명승지나 자연경관은 이미 아름다운 자연 그대로 살아남지 못합니다. 장사꾼들이 몰려가고 관광객들이 몰려가서 자연은 훼손되어 본래의 모습을 잃게 되지요.

『미산 계곡에 가면 만날 수 있어요』(한병호, 보림)라는 그림책이 있습니다. 강원도 인제군 미산리에 있는 미산 계곡에서 만날 수 있는 물고기들을 소개한 그림책이지요. 사진과 같이 섬세하게 그려진 물고기들을 보면 당장이라도 미산계곡으로 떠나고 싶은 생각이 듭니다. 이 그림책이 출간되고 낚시꾼들과 관광객들이 미산계곡에 몰려가 오염되지 않은 계곡물과 모래톱, 자갈밭들이 몸살을 앓았다는 에피소드가 전해졌지요.

　문명은 인간에게 편리함과 즐거움을 만들어주기도 했습니다. 하지만 자연을 망가뜨리는 주범이 되기도 했지요. 인간이 만들어 놓은 문명, 문명 그 자체는 놀랍고 위대합니다. 인간의 지혜가 인간을 발전시키는 많은 것을 이루어 놓았으니까요. 하지만 자연과 공존하며 문명을 발전시키려 하지 않고 탐욕적인 정복욕으로 자연을 짓밟고 문명을 세우려는 인간의 욕심이 아름다운 세상을 무너뜨릴 수 있음을 잊지 말아야 할 것입니다.

낙서일기

너의 이기심이 망가뜨린
자연이 무엇인지 아니?

1. 열 번째 수다, '정복자 인간, 자연을 무너뜨리다'를 읽으며 어떤 생각을 했나요? 여러 매체를 통해 문명이라는 이름으로 망가뜨린 자연에 대해 알아보세요.

----

2. 『마지막 거인』은 '문명'이라는 명목으로 교묘히 가려놓은 인간의 '이기심'에 대해 이야기하고 있습니다. 학자적 의무라는 신념으로 나타나는 아치볼드의 이기심은 그가 가진 어떤 욕망을 보여주고 있나요?

----

3. 거인족에 대한 아치볼드의 책이 출판되자 사람들은 득달같이 거인족의 나라로 달려갑니다. 사람들은 아치볼드가 갔던 그 험한 길을 욕망하나로 달려가며 개척했겠지요. 세계사를 돌아보면 이렇게 욕망이 숨겨진 '개척 정신'이 비일비재 합니다. 미국 역사 속에는 '서부개척시대'라 불리는 시대가 있는데요. 이 시기에 아메리카 인디언들의 문화는 '문명'을 갖춘 미국인들에 의해 짓밟히고 맙니다. 아메리카 인디언들에 대해 알아보세요. 그들만이 가진 독특하고 아름다운 문화는 무엇이었는지 찾아봅시다.

---

4. 아치볼드는 결국 안탈라의 죽음 앞에 자신의 잘못이 무엇이었는지를 깨닫게 됩니다. 그리고 학자로서의 삶에 회의를 느끼고 그 삶을 버리게 됩니다. 아치볼드의 선택에 대해 논해봅시다. 그의 선택은 바람직했나요?

11
과학이 넘보는 창조주

『프랑켄슈타인』
메리 셸리 | 문학동네

      과학 문명의 발전은 어디까지가 끝일까요? 아마도 인류가 존재하는 한 지적 욕망은 끝없이 계속될 것이고, 과학 문명의 발달도 그러할 것입니다. 우주선이 하늘을 날아 달나라에 가고 지구 저편 사람들과 실시간으로 화상통화를 할 수 있는 세상이 왔습니다. 먼 옛날 사람들에게는 상상 속에서만 가능한 일이었겠지요. 그러나 이 모든 것이 이제는 명확한 현실이 되어 우리 눈앞에서 벌어지는 일이 되었습니다.

얼마 전 뉴스에서 '유전자 조작'에 대한 연구가 성공적으로 이루어졌다는 소식을 들었습니다. 우리나라 과학 연구팀이 '유전자 가위', 즉, 특정 DNA를 절단하는 인공 효소로 병을 유발하는 유전자를 잘라내자 건강한 정상유전자로 대체 되는 것을 입증했다는 것입니다. 이것은 의학 발전 측면에서 보면 획기적인 일이라 하지 않을 수 없습니다. 병을 막아내고 건강한 유전자를 가질 수 있다면 얼마나 좋은 일인가요! 그러나 인간 배아에 이런 실험을 계속 수행하는 것은 생명윤리법에 어긋난다는 반발도 만만치 않습니다. 우수한 유전자만 골라 인간을 재창조할 수 있다는 이론도 성립되니 반발이 없을 수 없습니다.

인류의 의학발달에 대한 생각과 함께 이야기 나누고 싶은 작품은 바로 『프랑켄슈타인』(메리 셸리)이라는 소설입니다. 이 작품은 무려 200여 년 전인 1818년에 간행되었지요. 그러나 현대를 사는 우리에게도 많은 생각 거리를 던져주는 작품입니다. 소설 그 자체도 흥미진진하지만 숱한 세월을 지나며 만화, 영화, 뮤지컬 등 여러 작품으로 만들어지며 그 명성을 잃지 않고 있었습니다. 작품이 이토록 오랜 세월 동안 사람들 사이에서 회자되고 있는 이유는 과학기술의 발전과 더불어 일어나는 인간 사회의 윤리적 문제와 인간 내면의 이기심과 탐욕을 다루고 있기 때문입니다. 이런 문제들은 인류문명이 발전할수록 더 심각해질 것이므로 시대를 막론하고 고민해 봐야 할 문제가 됩니다.

주인공 '프랑켄슈타인' 박사는 생명의 원리에 대한 호기심으로 무생물에 생명을 불어넣는 실험을 시작합니다. 그러던 중 마침내 사람의 사체로 새로운 생물을 탄생시키지요. 그러나 그가 만든 생물은 경악스러울 만큼 괴기스러운 형상을 하고 있었습니다. 프랑켄슈타인 박사는 자신이 벌여놓은 일에 놀라 그가 창조해낸 괴물을 버려둔 채 도망가 버리고 맙니다. 그 사이 괴물은 창조자에게 버려진 아픔으로 이기심과 분노, 두려움, 폭력 등 인간의 온갖 부정적 감정을 먼저 스스로 배우게 되지요. 자신을 적대시하는 세상과 맞닥뜨리며 하루하루를 괴로움 속에서 보냅니다.

그런데 이야기 속에서만 존재할 것 같은 프랑켄슈타인의 괴물이 이미 우리 곁에 존재한다는 것을 알고 있나요? 복제 양 돌리, 복제 개 스피너 등을 시작으로 인간의 손으로 만들어진 동물들이 자꾸자꾸 생겨나고 인간복제에 관한 논의도 끊임없이 이어지고 있으니까요. 또한, 유전자 조작으로 만들어진 'GMO' (Genetically Modified

Organism) 식품들이 생태계에 미칠 알 수 없는 해로움이 검증되지도 못한 채 누구나 쉽게 사 먹는 음식이 되어 마트에 진열되어 있습니다. 현대판 프랑켄슈타인의 괴물이라 하지 않을 수 없습니다. 창조주의 자리를 넘보는 인간, 그 인간들에게 프랑켄슈타인의 괴물은 절규합니다.

> "기억하라. 내가 당신의 피조물이라는 사실을. 나는 당신의 아담이 되어야 하는데 오히려 타락한 천사가 되어, 잘못도 없이 기쁨을 박탈당하고 당신에게서 쫓겨났다. 어디에서나 축복을 볼 수 있건만. 오로지 나만 돌이킬 수 없이 소외되었다. 나는 자애롭고 선했다. 불행이 나를 악마로 만들었다 나를 행복하게 만들어라. 그러면 다시 미덕을 지닌 존재가 될지니."

괴물은 생명을 가졌으나 행복하지 않았습니다. 완전하지 않았기에 불행했고, 그래서 인간에게 치명적인 존재가 되고 말았습니다. 유전자에 대한 연구가 인간의 질병이나 불임과 같은 문제로 시작되었다 할지라도 그 연구가 미칠 영향을 심각하게 고려하지 않는다면 자칫 유전자 연구는 인류의 폭탄이 될지도 모릅니다.

영화『아일랜드』는 복제 인간에 대한 인류의 고민을 대변하고 있습니다. 영화에서 복제 인간의 존재는 오로지 인간이 병들어 새로운 장기가 필요할 때 사용될 '예비 생명'에 불과한 존재였지요. 자신의 존재가 복제된 생명임을 알지 못한 채 우주선에서 살아가다가 복제 인간의 주인에게 장기가 필요할 때는 생명을 내어주어야 했으니까요. 생명의 존엄성을 도외시한 섬뜩한 이야기입니다. 영화는 인간도, 복제 인간도 그리 행복하지 않은 갈등의 상황들을 보여주고 있습니다.

GMO 식품은 어떨가요? 식량문제 해결을 위해, 혹은 식물의 빠른 성장을 위해 유전자 조작을 하여 만들어진 식품이라지만 그것 때문에 생태계 교란이 일어나고 그것을 먹고 자란 아이들은 '성조숙증'에 걸리는 일들이 생겨났습니다. 생각해보면 참 무서운 일입니다. 결과를 예측할 수 없기에 두려움은 커집니다.

하나님은 인간을 만드실 때 '하나님의 형상대로' 만드셨습니다. 그리고 창조하신 그 모든 것을 '인간을 위해' 주셨습니다. 모든 창조는 완벽했기에 '보시기에 심히 좋았더라.'라고 말씀하셨습니다. 그렇다면 우리가 과학과 의학의 발전을 통해 점점 더 고도화된 기술을 갖게 되었다 하더라도 자연 그대로의 것, 자연을 닮은 것을 지켜나가는 것이 하나님의 섭리 안에서 인류를 지켜내는 가장 현명한 방법이 아닐까요? 발전을 위한 발전, 과학을 위한 과학, 과학 그 자체가 아니라 '인간'에 집중해서 모든 발전을 이루어가야 한다는 것입니다. 지금까지 과학의 발전은 인간을 위함이라는 명목을 앞에 내세웠지만, 사실상 인간을 도외시한 발전이었기에 자연이 훼손되고 인간의 생명까지도 위협하게 된 것입니다. 어쭙잖은 창조주 흉내는 경계해야겠습니다.

다시 소설 속으로 들어갑니다. 프랑켄슈타인의 괴물은 인간이 만든 '책'을 통해 인간의 삶을 배우고 익힙니다. 인간의 삶을 동경하게 되지요. 인간이 가지는 모든 감정을 느끼고 생각을 공유할 배우자를 원하게 됩니다. 그래서 마침내 프랑켄슈타인 박사를 만나 또 다른 창조를 요구하게 됩니다.

> "나는 외롭고 불행하다. 사람들은 나와 어울리지 않을 것이다. 그러
> 나 나처럼 기형이고 추악한 존재라면 날 거부하지 않을 것이다. 내
> 반려자는 나와 똑같은 종족이고 같은 결함을 가져야만 한다. 당신
> 은 바로 이런 존재를 창조해내야 한다."

프랑켄슈타인 박사는 고민에 빠집니다. 창조자에 대한 복수심으로 프랑켄슈타인 박사가 사랑하는 모든 사람을 죽인 괴물, 그 위험한 창조물을 다시 하나 세상에 내어놓아 창조물에 대한 의무를 다할 것인가, 창조물의 요구를 거부하고 그 위험한 창조물로부터 인

류를 지킬 것인가?

　이런 고민을 단지 프랑켄슈타인 박사만 했을까요? 의약품을 만들고, 인간의 인체와 질병을 연구하는 인류 역사 속의 수많은 의과학자는 수도 없는 나날들을 이런 고민 속에서 보냈을 것입니다. 지금도 그들은 의학적 도전과 위험성의 경계에서 갈등과 선택을 반복하고 있겠지요.

　프랑켄슈타인 박사는 어떤 선택을 했을까요? 똑같은 괴물을 하나 더 세상에 내어놓을 수 없다는 심정으로 괴물의 요구를 받아들이지 않기로 합니다. 그 결과 복수심에 불탄 괴물은 박사의 사랑하는 연인을 죽이고 맙니다. 의학적인 호기심으로 시작한 프랑켄슈타인의 실험은 괴물을 만들어내는 치명적인 결과를 초래했지만 그는 더 이상의 '창조'를 시도하지 않았습니다.

　앞으로의 세상에 과학발전과 의학발전을 이끌어나갈 여러분에게 프랑켄슈타인 박사의 교훈이 늘 함께했으면 좋겠습니다. 하나님의 창조원리를 망각한 '잘못된 선택'은 없어야겠습니다. 때늦은 후회로 많은 것을 잃었던 프랑켄슈타인 박사도 두 번의 실수를 이어가지는 않습니다. 우리는 그의 때늦은 후회를 항상 잊지 말아야 할 것입니다.

낙서일기

"기억하라.
내가 당신의 떠조를
이기는 사실을!"

인간이 만들어낸 문명의 괴물,

어떤 것이 있을까요?

1. 열한 번째 수다, '과학이 넘보는 창조주'를 읽으며 어떤 생각을 했나요? 복제 인간 실험과 유전자 조작 식물에 대한 자신의 생각을 이야기해보세요.

----

2. 『프랑켄슈타인』은 과학기술에 대한 경고와 인간의 오만에 대한 이야기를 하고 있습니다. 최근 '제4차 산업 혁명'과 관련하여 인공지능(AI: Artificial Intelligence)에 대한 논의가 활발해지고 있습니다. AI 개발에 우리가 주의하고 명심해야 할 점은 어떤 것이 있을까요? 생각해 보고 'AI 개발수칙'을 만들어 봅시다.

----

3. 과학이 발달하여도 과학으로 대처될 수 없는 인간만의 특징은 많이 있습니다. 어떤 것이 있을까요? 생각해봅시다.

----

4. 프랑켄슈타인이 만든 '괴물'은 분노를 못 이겨 살인마가 되고 맙니다. 만약 괴물이 법정에 선다면 괴물을 위해 어떤 변호를 해줄 수 있을까요? 논리와 감성을 모두 동원하여 법정 최후변론을 한다면 어떻게 할 것인지 생각해보세요.

12
인간을 위한? 인간에 미안!

『멋진 신세계』
올더스 헉슬리 | 문예출판사

초등학교 때를 떠올려보면 매년 4월에 학교에서 열리는 행사가 있었을 것입니다. 바로 '과학의 달' 행사입니다. 물로켓 만들기, 고무동력기 만들기, 글라이더 만들기 등으로 여러 가지 과학적 이론과 기술을 연습하기도 했고, 이것저것 시간을 투자하는 게 귀찮은 많은 친구들이 '미래의 모습 상상해서 그리기'를 하기도 했지요. 매년 하는 일이니 좀 지겹기도 했을 것입니다. 생각하기도 귀찮고 상도 귀찮아지면 누구나 한 번쯤은 그려봤음직 한 그런 그림들을 그려서 후딱 내어버리고 노는 날이 과학의 날이었습니다. 그 그림에는 주로 맨몸으로 우주 공간을 날아다니거나 미래의 어느 번쩍이는 도시에서 공간이동을 통해 자유롭게 다니는 모습, 하늘을 날아다니는 택시 정도가 등장하였을 것입니다.

정말 미래의 도시는 우리가 상상했던 것처럼 기술의 발전으로 풍요로운 삶을 누릴 수 있는 그런 곳이 될까요? 그런데 왜 미래에 대한 상상으로 만들어진 SF영화들이 보여주는 미래는 대부분 위험하거나 불행하게 표현되어 있을까요? 과학이 발전한 미래는 행복할까요? 아니면 메마름과 삭막함으로 가득 찬, 온통 위험이 도사리고 있는 행복을 잃은 곳일까요? 영화를 만드는 사람들은 왜 행복한 미래보다는 헤쳐 나가야 할 고난이 있는 답답한 미래를 보여주었을까요? 아마도 미래를 준비하는 우리 모두에게 과학발전의 폐해에 대한 경고를 함으로 더 나은 미래를 준비하게 하려는 의도였을 것입니다.

올더스 헉슬리의 『멋진 신세계』는 '디스토피아' 소설로 불립니다. '디스토피아'는 어디에도 존재하지 않는 천국 같은 이상향인 '유토피아'와 반대되는 개념입니다. 현대사회에 만연해있는 부조리와 미래로 이어질 위험한 경향을 미래사회의 모습으로 그려 현실의 부정적인 면을 날카롭게 비판합니다.

『멋진 신세계』에서 보여주는 미래의 모습은 제목이 보여주는 것처럼 멋지지 않습니다. 암울하고 서늘합니다. 이렇게 부정적인 미래라니 어쩐지 씁쓸해집니다. 지금 이 시대의 모습을 제대로 예측한 것 같아 속상하기도 하고요. 책을 읽다 보면 '멋진 신세계'의 곳곳에 지금 우리들의 세상 모습이 숨겨져 있다는 것을 어렵지 않게 볼 수 있거든요.

『멋진 신세계』의 세상에서는 인간들이 인공수정을 통해 태어납니다. 유전자 조작도 가능합니다. 계급에 맞게 탄생한 인간들은 각 계급에 필요한 교육을 받게 되지요. 사람들은 자신의 계급에 맞는 삶에 만족하며 살도록 철저하게 교육됩니다. 책을 읽다보면 이 세계는 아직도 세습체계를 갖추고 있는 '북한'을 보는 듯합니다. 북한의 과학기술은 소설에서처럼 유전자조작을 통하여 인간을 찍어낼 만큼 발전하지는 않았습니다. 하지만 철저한 세뇌 교육으로 지도자를 숭배하고 자신의 삶에 충실하도록 만들어지지요. 행복을 위한 통제라고 하지만 통제된 사회에서 살아가는 인간에게 '자유'란 '그림의 떡'입니다. 그런데 자본주의 사회인 우리 사회도 다르지 않다. 경제적 계급에 따라 특권의식으로 무장되어 살아가는 이른바 '

'갑'들의 어처구니없는 행동들과 '을'들의 수동적인 삶도 다를 바 없기 때문입니다.

감정마저도 통제된 소설 속의 '멋진 신세계'는 문명사회를 의미하는 공간입니다. 이곳에서 살아가는 사람들은 '과학'이라는 이름으로 통제된 모든 체계에 순응하고 만족합니다. 노화도 겪지 않고 결혼제도도 없기에 책임이나 도덕적 관념 없이 성관계를 맺고, 정신적인 외로움도 느끼지 않습니다. 그들에게는 오로지 쾌락과 만족감이 삶의 전부지요. 기분이 나쁘거나 고통스러운 일을 겪으면 '소마'라는 약을 먹으면 해결됩니다. 이 약을 통해 가상의 쾌감을 경험하게 되니까요. 때문에 이 완벽한 유토피아에 사는 사람들은 누구나 행복합니다. 마치 마약과 같은 일시적인 환각제에 매달리는 현대인들을 보는 듯 위험하게 느껴지네요.

발전된 과학의 이기들에 맥없이 빠져드는 우리도 별반 다르지 않습니다. 새로운 핸드폰에 광분하고, 새로운 게임에 빠지고, 인공지능 제품에 유혹되는 현대인들은 '문명'의 노예가 된 듯 살아갑니다. 스마트폰을 넋 놓고 바라보며 허허실실 웃고 있는 우리가 바로 '소마'를 먹은 멋진 신세계의 사람들이 아닐까요? 우리는 필요한 전화번호 하나도 외우지 못하게 되었습니다. 스마트폰이 저장하고 있으니까요. 알아야 할 정보들도 머리에 넣어두지 않습니다. 손가락만 까닥까닥하면 엄청난 정보가 검색되니 외울 필요가 없지요. 놓친 드라마나 오락 프로그램도 스마트폰으로 하염없이 '정주행'하며 멍하니 웃었다 울었다 하며 볼 수 있습니다. '스마트폰 멍청이'가 된 것 같습니다.

성경은 이런 즐거움에 대해 무엇이라고 이야기할까요? 우리의 육신을 즐겁게 하는 것은 진짜가 아니며 영을 즐겁게 하는 것이 진짜라고 합니다. 다시 말해 하나님께로 온 것들이 진짜이며 '문명'이라는 이름으로 보기 좋게만 만들어져 우리를 유혹하는 것들은 사실 '악한 것'이라고 이야기합니다. 우리는 인간을 위해 만들어진 것이지만 인간을 더럽히고 있는 것들에 주의해야 할 것입니다.

> "이 세상에는 악한 것들이 있습니다. 그것은 바로 우리 육신을 즐겁게 해주는 것, 우리 눈을 즐겁게 해주는 것, 우리들의 삶에 대해 자랑하는 것입니다. 이러한 것들은 아버지께로부터 나온 것이 아니라 세상으로부터 나온 것입니다."
>
> (요한1서 2장 16절, 쉬운성경)

『멋진 신세계』의 주인공은 문명화된 신세계에서 별종이라고 불리는 남자, '버나드'입니다. 그는 통제된 사회에서 살아가면서도 그 통제된 안정을 거부하며 상사의 말을 듣지 않는 등 이상한 행동을 보입니다. 그리고 문명 세상이 아닌 원시 그대로의 삶을 사는 사람들이 있는 곳에 가보고 싶어 합니다. 버나드는 자유를 찾아 나섭니다. 문명 세계에서 멀어지는 '두려움'을 극복하고요.

'문명의 이기(利器)' 즉, 사람들이 사람을 위해 만든 것들이 하나님의 형상을 닮은 우리를 망치게 한다면 그것은 두려움 없이 버려야 하는 '문명'입니다. 버나드처럼요. 스마트폰 말고 또 어떤 것들이 있을까요? 가깝게는 우리 몸에 백해무익한 '담배'가 있겠네요. 유혹을 물리치고 가까이하지 않는 게 좋겠습니다. 성인들보다 한창 성장기인 청소년들에게는 더 건강에 치명적이랍니다. 전자담배, 비타민담배는 괜찮다고 우기는 친구들도 있습니다. 알고 보면 모두 '도긴개긴'이랍니다. 악은 모양이라도 취하지 않는 것이 좋겠습니다. 우리의 영을 속이는 '소마'입니다.

조금 더 가볼까요? 컴퓨터, 스마트폰 속에 넘쳐나는 자극적이고 중독성 있는 영상들요. 일명 '야동'이라 말하지요. 아름다운 사랑의 관계를 왜곡하고, 과장하고 자극적인 쾌락으로 포장한 영상이지만 청소년들은 이것이 알아야 할 '성'에 대한 지식의 전부인 양 생각하게 되지요. '즉석만남 성매매 사이트', '불법 도박 사이트', '불법 마약류 구입 사이트', '폭력대행 사이트', '자살방법공유 사이트'...... 사이버 세상은 이미 유토피아를 가장한 디스토피아 세상입니다.

버나드는 결국 어느 휴가 날 야만인 보호구역에 가게 되고 거기서 '린다'라는 여자를 만나게 됩니다. '야만인 보호구역'이란 인공 수정이라는 통제된 과정을 통해 태어나지도 않았고, 훈련되지도 않은 자연 그대로의 삶을 사는 사람들이 모인 구역을 말합니다. 버나드는 그곳에서 만난 린다가 예전에는 자신과 같은 통제 구역의 '문명인'이었다는 것을 알게 되지요. 그리고 그녀의 아들 '존'도 만나게 됩니다. 사실 린다는 문명사회의 총통인 토마스의 잃어버린 여인이며, 존은 그의 아들이었습니다. 존은 어머니 린다 때문에 문명 세계에 대한 동경을 하고 있었습니다. 버나드와 린다, 존은 다시 문명 세계로 돌아가게 됩니다. 이 세 사람의 운명은 어떻게 전개될까요?

존이 가졌던 문명 세계에 대한 동경은 얼마 지나지 않아 혐오로 바뀝니다. '조작된 행복'은 진짜 행복이 아니란 걸 느끼게 되지요.

"저는 불편한 것을 좋아합니다."
"우리는 그렇지 않아." 총통이 말했다.
"우리는 여건을 안락하게 만들기를 좋아하네."
"하지만 저는 안락을 원치 않습니다. 저는 신을 원합니다. 시와 진정한 위험과 자유와 선을 원합니다. 저는 죄를 원합니다."

사람들은 누구나, 어디서나, 언제나 행복해지길 바랍니다. 그래서 행복을 위해 수많은 물건을 만들어내고, 수많은 방법을 찾아냅니다. 이런 욕구가 바로 '문명사회'를 만들어내는 것이지요. 하지만 인간을 위한 '문명'이 인간에게 '미안'해지는 일을 초래한다면 불행한 문명의 진화라 할 수 있을 것입니다. 인간이 가장 행복할 수 있는 길은 하나님이 창조하신 그 모습 그대로 우리는 존귀한 존재임을 잊지 않는 것입니다.

낙서일기

문명의 이기,
정말 너를 치료해주고 있니?

1. 열두 번째 수다, '인간을 위한? 인간에 미안!'을 읽으며 어떤 생각을 했나요? 인간이 만들어낸 문명의 창조물 중 인간에게 '악'한 것이 되어버린 것은 무엇이 있을까요? 생각해봅시다.

----

2. 『멋진 신세계』는 디스토피아 소설로 문명의 노예가 된 인간의 미래를 비틀어 이야기하고 있습니다. 누구에게나 불투명할 수밖에 없는 미래, 나는 어떤 미래를 꿈꾸나요? 내가 생각하는 미래상을 이야기해보세요.

----

3. 시대가 변화하면 가치관도 변화합니다. 그러나 변치 말고 지켜가야 할 가치관도 있습니다. 어떤 것이 있을까요? 생각해봅시다.

----

4. 만약 내가 『멋진 신세계』의 등장인물 '존'처럼 문명사회와 자연 그대로의 사회 중에 선택할 수 있는 기회가 주어진다면 나는 어떤 곳을 선택하고 싶은가요? 이유와 함께 이야기해보세요.

5장 죽음에 대하여

"나는 마치 죽었다 살아 온 기분이었다. 그러자 문득 시체놀이를 하는 기분으로 이 세상을 살아 보는 것도 재미있겠다는 생각이 들었다. 그러니까 내가 이미 죽었다고 생각하고 모든 것을 바라보는 것이다. 그렇게 하면 모든 것이 얼마나 소중하고, 달라 보일까? 그러니까 앞으로 나는 죽은 척 하고 살아보는 것이다."

　- 『어느 날 내가 죽었습니다』 중에서

아직 한 번도 구체적으로 생각해보거나 접해보지 못한 문제일지도 모르겠습니다. 혹은 팍팍한 현실 때문에 막연히 동경했는지도 모르겠습니다. 그것에 대해 생각해보았거나 생각해보지 않았거나 그 누구도 완벽하게 알 수 없는 문제, 하지만 그 누구에게도 공평하게 다가올 문제는 바로 '죽음'입니다.

어른들은 인생 3대 거짓말 중에 가장 큰 거짓말이 노인이 '늙으면 빨리 죽어야지' 하는 것이라고 합니다. 처녀가 시집을 안 간다고 하는 것이나 장사꾼이 밑지고 판다고 말하는 것보다 훨씬 심한 거짓말이라고 하지요. 저승사자가 나타나면 누구나 도망가고 싶어진답니다. 우리나라 옛이야기에는 저승사자를 요리조리 잘 피하다가 300년을 산 삼백이 이야기도 나오지요. 우리 신화에는 '동방삭이'라는 사람이 저승차사 강림도령을 피해 3000년을 살았다는 이야기도 나오고요. 우리에게 죽음은 정말 만나고 싶지 않은 상황인가 봅니다.

사람들은 왜 죽음을 피하고 싶어 하는 걸까요? 죽음의 어떤 모습이 우리를 두렵게 하는 것일까요? 그리고 어떤 이들은 왜 스스로 죽음을 선택하는 것일까요? 하나님의 백성인 우리가 죽음을 대하는 태도는 어떤 것이어야 할까요? 삶과 맞닿은 죽음, 그 이야기를 시작하겠습니다.

13
'영혼'이 사는 곳은 어디일까요?

『그리운 메이 아줌마』
신시아 라일런트 | 햇살과나무꾼

1990년에 만들어졌지만, 지금까지도 많은 사람의 사랑을 받는 『사랑과 영혼』이라는 영화가 있습니다. 이 영화에 등장하는 샘이라는 주인공은 사고로 숨을 거두었지만 갑작스러운 죽음 앞에 차마 사랑하는 사람을 떠날 수 없었습니다. 게다가 사랑하는 사람이 위험에 처하게 되자 필사적으로 그녀를 지키기 위해 '영혼'

뿐인 존재로 대활약을 펼칩니다. 하늘나라에 가지 못하고 세상에 남아 유령이 된 그는 사건을 해결하고 나서야 비로소 사랑하는 사람과 이별을 하고 천국으로 떠나게 되지요.

종교를 가졌든 가지지 않았든 사람들 대부분은 이성으로 설명할 수 없는 어떤 초월적 존재에 대한 믿음을 가지고 있다고 합니다. 육체를 떠난 영혼이 갈 곳은 어디인가 하고 의문을 갖다 보면 어딘가 그 영혼이 머무를 곳이 있고, 그곳을 통치하는 절대적 존재가 있을 것이라고 믿고 싶어지는 것이지요. 그 믿음이 종교를 가진 사람은 '신'에 대한 믿음으로 나타나고, 종교가 없는 사람은 단순히 '영혼'의 존재에 대한 믿음으로 표현되는 것입니다. 사람들은 급기야 '한'을 품고 죽은 사람들은 저승으로 떠나지 못하고 영혼만으로 세상을 떠돈다는 생각을 하게 됩니다. 유령이나 귀신의 존재를 믿고 두려움을 갖기도 하지요.

신시아 라일런트의 『그리운 메이 아줌마』는 사랑하는 '메이 아줌마'의 죽음으로 주인공 '서머'가 겪게 되는 상실감과 슬픔을 다룬 '성장소설'입니다. 서머는 이 아픔을 극복해가며 한 발짝 더 성장하게 됩니다. 이야기는 메이 아줌마가 돌아가신 날부터 시작됩니다. 고아였던 서머를 데리고 와서 진심으로 사랑해주었던 메이 아줌마의 죽음은 서머에게 큰 충격을 줍니다. 평생을 메이 아줌마와 함께한 오브 아저씨에게는 견딜 수 없을 만큼 큰 '상실감'을 주지요. 오랜 세월을 같이 해 온 배우자의 죽음은 남은 사람에게 다시 메우기 힘든 마음의 구멍을 남깁니다. 오브 아저씨는 구멍 뚫린 가슴 사이로 불어오는 바람에 시려하며 허깨비 같은 나날을 보내게 됩니다. 다정했던 메이 아줌마의 죽음 앞에서 서머와 오브 아저씨는 모두 무너집니다.

우리는 강하다고 느꼈다. 하지만 이제는 더 이상 강하지 않다. 그리고 이제 오브 아저씨의 찢어진 가슴을 치유할 길을 찾지 못하면 아저씨도 돌아가시고 말 것 같다. 아저씨마저 메이 아줌마 뒤를 좇아 떠나 버린다면 나는 저 바람개비들에 둘러싸인 채 혼자 남게 될 것이다.

사랑하는 사람의 죽음 앞에 우리는 누구도 초연해질 수 없습니다. 다만 더 나은 '본향'에 대해 생각하며 마음을 다스릴 뿐이지요. 선생님 나이가 되면 주위의 사랑하는 사람들의 죽음을 하나, 둘 겪게 됩니다. 어떤 경우에는 마음의 준비를 하고 그 이별을 맞이하게 되지만 가끔은 아무런 준비 없이 이별을 맞게 되기도 합니다. 하지만 어떤 경우도 쉽지는 않습니다.

인간이 죽음에 대해 두려워하는 이유는 두 가지입니다. 하나는 우리 중 누구도 사후세계에 대한 경험이 없기 때문입니다. 캄캄한 어둠 앞에 직면한 것처럼 보이지 않고 알지 못하는 미래에 대해 두려움을 갖는 것은 당연하니까요. 두 번째로 인간은 남겨진 사랑하는 이들과의 이별을 두려워합니다. 몸이 아픈 것보다 더 힘든 것은 마음이 아픈 것이니까요.

하지만 우리는 이 두 가지 문제에 대한 해결점을 모두 가지고 있습니다. 성경은 죽음 이후의 세계인 '천국과 지옥'에 대해 알려주고 있으므로 알지 못하는 것에 대한 두려움을 극복할 수 있습니다. 또 이 천국에 대한 확신은 사랑하는 이들과의 이별에 '위로'를 주기 때문에 이별에 대한 두려움도 극복할 수 있습니다.

그런데 오브 아저씨는 메이 아줌마가 '천국'이 아닌 자신의 곁에 있다고 확신합니다. 소설의 배경은 미국이지만 우리 역시 이런 생각을 종종 합니다. 서양이나 동양이나 사람들의 생각은 다 거기서 거기니까요. 부모님이 돌아가시면 하늘나라에서 자기를 지켜줄 것으로 생각한다든지, 가까운 사람이 갑작스레 하늘나라로 가면 그곳에서 우리가 잘 사는지 지켜보다가 하나님께라도 부탁해서 어려운 일을 도와줄 것처럼 생각하지요. 아니면 오브 아저씨처럼 자신을 다시 찾아왔다고 믿기도 합니다.

이런! 결국 오브 아저씨는 서머의 친구 클리터스가 어렸을 때 물에 빠져 죽을뻔 하다가 살아나며 죽은 할아버지의 환상을 보았다는 이야기를 듣고 천국에 갔다 왔다고 믿게 됩니다. 그리고 영혼뿐인 메이 아줌마와 통하는 것을 클리터스가 도와줄 수 있을 것이라고 생각하지요.

옛이야기에 나오는 것처럼 한을 품고 죽은 영혼은 구천을 떠도는 귀신이 될까요? 죽은 후에 이승을 떠나고 싶지 않은 사람들은 사람들이 사는 세상에서 유령이 되어 사는 걸까요? '영혼'은 대체 어디서 무엇을 할까요?

클리터스는 오브 아저씨의 아픔을 자신의 힘으로 해결해 줄 수 없자 어느 날 신문 기사 하나를 오려서 옵니다. '심령 교회'에 대한 기사입니다. 이 교회의 목사님은 죽은 사람들 하고 이야기를 나눌 수 있다고 합니다. 이상하네요. 정상적인 교회는 아닌 것 같습니다. 서머도 정신 나간 생각이라고 하지만 오브 아저씨는 그리운 메이 아줌마에 대한 생각 때문에 지푸라기라도 잡는 심정으로 그 교회에 가보고 싶어 합니다.

소설 속에서뿐만 아니라 실제로 사람들은 이미 죽음을 맞은 사람들과 이야기를 시도하기도 합니다. 우리나라의 '무당'이나 서양의 '심령술사'와 같은 사람들은 '접신'이라는 말로 이런 일들을 설명하지요. 하지만 성경은 사람이 죽어서 귀신이 된다고 말하지 않습니다. 성경에 '귀신들린 사람'에 대한 이야기가 나오기도 하지만 그 귀신은 악한 영인 '사탄'의 활동일뿐입니다.

오브 아저씨와 서머, 그리고 클리터스는 결국 먼 길을 달려 심령교회까지 찾아갑니다. 하지만 이미 그 목사님은 6개월 전에 세상을 떠나고 더 이상 교회도 운영되고 있지 않았습니다. 오브 아저씨는 할 말을 잃습니다. 하지만 이 여행이 오브 아저씨에게는 잊고 있었던 현실로 돌아오는 터닝 포인트가 됩니다.

오브 아저씨는 한숨을 푹 쉬고 말했다.
"그냥 집에 가는 게 좋겠구나. 얘들아."
아저씨는 차에 시동을 걸었고, 우리는 그 작은 파란색 건물 안에 잠든 모든 영혼들한테서 서서히 떨어져 나왔다.

심령교회가 있는 퍼트넘에서 돌아온 날, 서머는 하도 울어서 배와 목이 화끈거리고 욱신거릴 때까지 웁니다. 참아왔던 울음을 터트려 온몸의 기운이 다 빠지도록 울고, 메이 아줌마와의 진짜 이별을 합니다. 오브 아저씨도요.

우리는 메이 아줌마가 토마토 줄기를 묶었던 막대기와 널조각들을 있는 대로 갖고 와서 텅 빈 밭에 꿈과 천둥과 불의 바람개비들을 가득 세웠다. 그 중에는 메이 아줌마의 영혼인, 눈부시게 새하얀 바람개비 '베이'도 있었다. (중략) 오즈 아저씨와 나는 마주 보며 웃었다. 큰 바람이 쏴아 불어와 모든 것을 자유롭게 날려 보내 주었다.

사랑하는 사람을 떠나보내고 겪게 되는 상실감은 그 '영혼'을 불러오거나 그 '영혼'이 내 옆 어딘가에 있다는 생각을 하는 것으로 채워지지 않습니다. 오직 살아남아 있는 자들이 서로를 보듬으며 채워질 수 있지요. 무당을 불러 '굿'을 하거나 심령술사를 통해 '영혼'을 불러온다 하지만 그것은 내가 사랑했던 진짜 그 사람이 아닙니다. 얄팍한 속임수에 지나지 않지요. 성경 어디에도 죽은 사람의 영혼이 다시 돌아와 사람들과 소통을 하는 이야기는 없습니다. 우리에게 떠도는 영혼에 대한 이야기나 귀신, 유령과 같은 이야기는 인간의 두려움이 만들어낸, 한낱 지어낸 이야기에 지나지 않습니다.

우리의 '영혼'이 머무를 곳은 어디일까요? 정답은 하나뿐입니다. 여러분 모두가 알고 있는 그곳, 믿기만 하면 주어지는 그곳, 바로 그곳입니다.

"주님은 네게 해를 입히려는 모든 사람들에게서 나를 구해 주시고, 하늘나라에 안전히 들어가게 하실 것입니다. 우리 주님께 영원토록 영광을 올려 드립니다. 아멘."(디모데후서 4장 18절, 쉬운성경)

낙 서 일 기

"안녕 메이 아줌마"

우리는 그리스도 안에 있기에
행복한 이별을 꿈꿉니다.

나도 수다!

1. 열세 번째 수다, '영혼이 사는 곳은 어디일까요?'를 읽으며 어떤 생각을 했나요? 내 영혼이 머무를 곳, 천국에 대해 내가 아는 성경의 이야기와 내 생각을 나눠보세요.

----

2. 『그리운 메이 아줌마』는 사랑하는 사람의 죽음을 통해 성장하는 청소년의 이야기를 하고 있습니다. 내가 생각하는 죽음은 어떤 것인지 이야기 나눠보세요.

----

3. 성경은 인간의 죽음뿐만 아니라 '부활'에 대한 이야기도 하고
있습니다. 죽은 자의 부활이 가능한 것은 예수그리스도의 부활
이 있었기 때문이라고 이야기합니다. 예수그리스도의 십자가
의 의미와 부활의 의미에 대해 이야기 나눠 보세요.

----

4. 사랑하는 사람의 죽음 앞에 우리는 흔들릴 수밖에 없습니다.
그러나 '상실'을 극복하는 시간은 우리를 성장하게 합니다. 내
가 경험한 상실과 극복에 대한 이야기를 해보세요.

14
'죽음' 덕분에 '삶'을 더욱 사랑합니다

『어느 날 내가 죽었습니다』
이경혜 | 바람의아이들

고등학교 1학년, 어느 날 친구가 학교 옥상에서 뛰어내렸다고 했습니다. 평소 혼자 공상하며 조용히 놀기를 좋아했지만, 학교생활도 잘하고 특별히 따돌림을 당하지도 않았는데 말입니다. 공부 때문에 스트레스를 받는 친구도 아니었다고 합니다. 같은 반 친구들이 전혀 예상할 수 없었던 일이 일어났던 것입니다. 믿지 못할 상황 앞에 반 친구들의 마음은 모두 멍하니 허공으로 날아간 기분이었다고 합니다. 상담 선생님이 들어오시어 '집단 상담'을 해주시기도 했고요. 그런데 다행스럽게도 몇 날 며칠 사경을 헤매던 그 친구는 어느 날 문득 의식을 찾고 기적같이 빠르게 회복하여 아무 일 없었다는 듯 학교로 돌아왔다고 합니다.

그렇지만 그때부터 반 친구들의 대화는 종종 '삶과 죽음'에 대한 고민으로 흘러가게 되었답니다. '삶과 죽음의 경계가 이렇게 가까운데 사람들은 왜 죽음을 막연히 두려워하는 걸까?', '산다는 것의 의미는 무엇이지?', '주어진 생명에 대한 결정권이 신에게 있는 걸까? 내 몫일까?' 장난스러운 농담으로 이런 고민을 넘겨버리는 친구들도 있었지만 많은 친구들이 해결되지 않는 고민을 붙들고 두런두런 이야기를 나누기도 했답니다.

우리가 살아가는 자연계는 무수한 생명으로 충만해 있습니다. 숨 쉬고 움직이며 살아가는 것은 인간들만이 아닙니다. 동물들도 있지요. 또 날아다니는 파리, 모기, 눈에 보이지 않는 진드기와 병균까지도 모두 살아있습니다. 그뿐만 아니라 움직이지 않는 생물인 식물들도 살아있지요. 울창한 숲을 이루는 나무도, 들에 핀 풀꽃도 모두 살아있고 숨 쉬고 있습니다.

그렇다면 생명은 과연 어디로부터 오는 것인지, 그리고 또 죽음은 어떤 의미를 가지고 있는 것인지 생각해봄 직한 일이지요. 죽음에 대한 생각은 삶의 자세를 달라지게 하므로 누구나 고민해보아야 할 문제입니다.

『어느 날 내가 죽었습니다』는 어느 날 갑자기 친구의 죽음을 맞게 된 한 여학생의 아픔과 슬픔, 성장을 그린 청소년 소설입니다. 문제아라 불리는 유미는 새로 전학 온 학교에서도 늘 혼자였습니다. 하지만 먼저 다가온 재준이 덕분에 둘은 친구가 되었지요. 그런데 어느 날 갑자기 재준이가 오토바이 사고로 어이없이 죽고 맙니다. 재준이의 죽음 앞에 유미는 방황하며 가슴앓이를 합니다. 그러던 중 재준이 어머니에게서 재준이가 남기고 간 일기장을 받게 됩니다. 그 일기장을 통해 유미는 재준이의 생활과 생각을 들여다보게 됩니다.

"어느 날 내가 죽었습니다. 내 죽음의 의미는 무엇일까요?"

일기장 첫 장에 쓰인 이 섬뜩한 글을 보며 유미는 더럭 겁이 났습니다. 하지만 일기장의 이 글이 재준이의 죽음이 '자살'임을 암시하는 것은 아니었습니다. 재준이는 자신이 죽었다고 가정을 하고 일종의 놀이처럼 일기장에 자신의 고민을 써 내려갔던 것입니다. 그 사실을 알 리 없는 유미는 재준이의 일기를 더 이상 넘기지 못합니다.

재준이의 고통과 만날지도 모른다는 막연한 두려움이 유미를 아프게 합니다. 우리 대부분은 이렇게 '죽음'이라는 단어 앞에 막연히 두려워하고 쉽게 무너집니다.

> 나는 머리를 흔들었다. 몸 깊숙한 곳에서부터 무엇인가가 치밀어 올라왔다. 그것은 슬픔보다는 분노를 닮은 불길이었다.
> 신이란 게 있다면 목을 비틀어 버리고 싶어.....
> 나는 가슴 속에 차오르는 분노를 그렇게 중얼거리며 뱉어냈다.
> 왜 신은 인간에게 죽음을 만들었으며, 어쩔 수 없이 그것을 만들었다면 낳은 순서대로 차례차례 데려갈 것이지 왜 이렇게 억울한 죽음을 만들어내는지 그 이해할 수 없는 결정에 화가 치밀었다.

유미의 분노와 절규는 얼핏 공감할 수밖에 없는 인간의 당연한 반응으로 보입니다. 인간은 이해할 수 없는 문제를 만나면 그 원인을 모두 신에게 돌리는 것으로 자신의 문제로부터 해방되려 합니다. 하지만 가만히 생각해봅시다. 우리가 인생에서 만나는 '이해할 수 없는' 모든 일에 하나님께서 전부 개입하실까요? 그렇지 않습니다. 하나님은 우리를 '로봇'으로 창조하지 않으셨으니까요. 사람들은 종종 하나님의 음성을 듣지 않거나 그의 뜻을 찾아보지 않고 마음대로 행동하고 나서 아픔이나 실패를 겪을 때 하나님을 원망합니다. 고통의 원인이 사람들 사이에 있음을 인정하고 싶어 하지 않는 것입니다. 그러면 자신의 잘못을 인정해야 할 때도 있고, 자신의 삶을 바꿔 놓아야 할 경우도 생기니까요. 깊이를 알 수 없는 삶의 구멍, 맨홀에 빠졌을 때 원망할 곳이라도 찾아야 그 아픔을 이겨낼 수 있을 것 같기에 그저 그렇게 원망들을 쏟아놓습니다.

> 그러니까 앞으로 나는 죽은 척하고 살아 보는 것이다. 의미 따위를 알아볼 생각은 별로 없지만 그렇게 써 놓는 게 멋있어 보여서 좋았다. 그저 나는 어느 날 내가 죽었다고 생각하고 이미 죽은 몸이라고 생각하고 이 중학교의 마지막 학년을 살아 보려고 한다.

재준이의 시체놀이는 장난처럼 시작되었지만 재준이의 삶을 바꾸어 놓습니다. 죽은 사람의 심정이 되어 하루를 보내니 눈 앞에 펼쳐진 하루가 한없이 소중하게 여겨집니다. 듣기 싫던 아빠의 잔소리도 재미있게 느껴지고 동생 인준이의 말썽도 용서가 됩니다. 자신이 죽으면 슬퍼할 사람들에 대해 떠올리기도 합니다. 재준이는 시체놀이라고 부르던 자신의 놀이를 '죽은 영혼의 놀이'라고 부르며 만족해합니다. 그리고 삶의 소중함을 배워갑니다. 유미도 용기를 내어 재준이의 일기를 읽기 시작하면서 점점 마음의 안정을 찾습니다. 하지만 그것도 잠시 재준이가 사고 후 바로 병원으로 이송되지 못하고 두 시간이나 방치되어 있었고, 그동안 살아있었다는 이야기를 친구에게 듣고 다시 충격에 빠집니다.

죽여 버리고 싶어. 그날 그 길을 지나간 년놈들, 재준이를 보고도 그냥 피해 간 년놈들, 다 죽여 버리고 싶어. 다 죽여버리고 싶어... 나는 가로수에다 대고 머리를 쾅쾅 박으며 엉엉 큰 소리로 울었다. 지나가는 사람들이 보든 말든 상관없었다. 도무지 참을 수가 없었다. 이 세상을 다 때려 부수고만 싶었다.

유미는 신이 있다면 목을 비틀고 싶다고 생각했는데 점점 신이 있다면 그냥 내 목숨도 조용히 거둬 가 주었으면 하는 생각까지 하게 됩니다. 산다는 게 결국 어느 날 사라지기 위해서인데 그냥 지금 사라진들 뭐가 다른가 하고 생각하게 됩니다.

유미의 생각처럼 산다는 것이 결국 사라지기 위한 과정일까요? 살아가는 것이 아니라 죽어가는 것일까요? 의학적으로 말하면 그렇게 말할 수도 있겠네요. 인간은 태어난 그 순간부터 죽음을 향해 가고 있으니까요. 하지만 우리는 하나님의 '창조'를 믿는 하나님의 백성들입니다. 그저 세상에 생명체로 던져진 것이 아니라 하나님의 소중한 손길로 만들어진 것이 바로 우리인 것입니다. 목적 없이 만들어진 물건이 없듯이 우리의 삶에도 소중한 '목적'이 존재합니다. 그것을 열심히 찾아내며 사는 것이 우리 삶의 지혜지요. 『목적이 이끄는 삶』의 저자 릭 워렌 목사님은 우리는 홀로 혹은 우리 안에서 목적을 찾을 수 없다고 이야기합니다. 당신의 목적 안에 우리를 계획하신 하나님을 빼놓고는 삶의 진정한 의미를 찾을 수 없다는 것입니다.

"그의 능력으로 하늘과 땅에 있는 모든 것과 눈에 보이는 것과 보이지 않는 것과 모든 권세와 지위, 주권, 능력이 생겨났습니다. 이 모든 것이 그리스도에 의해 창조되었으며, 또 그리스도를 위해 창조되었습니다."(골로새서 1장 16절, 쉬운성경)

시인 천상병은 이렇게 노래합니다.

"나 하늘로 돌아가리라. 아름다운 이 세상 소풍 끝나는 날, 가서, 아름다웠더라고 말하리라." ('귀천' 중에서)

인간은 누구나 죽음을 피할 수 없습니다. 죽음이 다가오기 전에 마음껏 사람답게 살아보는 것, 마음껏 삶의 목적을 찾아보는 것이 죽음을 아름답게 맞는 방법일 것입니다. 삶이 유한한 것이기에 순간순간의 사랑과 열정은 우리의 삶을 더욱 빛나게 하는 것이지요.

재준아. 네가 정말 보고 싶다. 네 죽음의 의미는 내가 너를 다시는 볼 수 없다는 뜻이지. 그 한 가지는 너무도 확실하지. 황재준이라는 내 친구가 짧은 시간 이 세상에 머물다 떠났다는 거, 그 짧은 시간 동안 내 마음 속에 도저히 파낼 수 없는 무거운 사랑을 남기고 떠났다는 거...... 잘 가라. 재준아. 이제는 떠돌지 말고 편안히 잘 가라....

유한한 생명, 죽음이 있는 삶을 살기에, 우리는 살아가는 순간순간을 소중히 여깁니다. 언젠가 우리도 죽음을 맞겠지만 세상에 보내진 나의 삶의 목적을 향해 오늘도 달립니다.

낙서일기

우리의 끝을 우리는 절대 알 수가 없다
그러나 하루하루를 소중하게 여기길

그래, 오늘이 마지막이라 생각하며
소중한 하루를!

1. 열네 번째 수다, '죽음 덕분에 삶을 사랑합니다'를 읽으며 어떤 생각을 했나요? 소중한 나의 순간을 나는 오늘도 어떻게 보냈나요? 나의 시간들을 소중히 사용했던 일을 찾아보세요.

----

2. 『어느 날 내가 죽었습니다』는 친구와의 이별을 겪는 평범한 소녀의 마음을 잘 보여주고 있습니다. 유미가 재준이의 죽음을 맞으며 가장 먼저 들었던 감정은 '분노'였습니다. 시한부 생명을 판정 받은 환자들도 처음에는 '분노'라는 감정과 가장 먼저 만난다고 합니다. 인간이 죽음 앞에서 분노를 느끼는 이유는 무엇일까요? 생각해봅시다.

----

3. 재준이의 시체놀이는 삶의 소중함을 깨닫게 했다고 합니다. 나
　도 지금 죽는다면 어떨지를 생각하며 삶을 돌아보는 '유언장'
　쓰기를 해보세요.

----

4. 만약 내가 1년 후 죽는다면, 어떤 일을 가장 먼저 할까요? 한
　달 후 죽는다면요? 당장 내일 죽는다면 어떤 일을 가장 해보고
　싶은지 리스트를 만들어보세요.

15
너는 무엇이 되고 싶어?

『별이 되고 싶어』
이민희 | 느림보

'윤회'라는 말을 들어본 적이 있나요? '환생'이라
는 말은요? 기독교적인 생각과는 아주 다르지만 많은 사람이 이런
생각을 합니다. '윤회'는 불교에서 이야기하는 '죽음 이후의 새로운
삶'에 대한 이야기입니다. 생명을 가진 존재는 누구나 '업'(선이나 악
을 만드는 행동을 말합니다)이라는 것을 쌓으며 사는데, 이 업에 따

라 다음 생이 정해진다는 것입니다. 선한 업을 많이 쌓은 사람은 다시 사람으로 환생하거나 극락에 가게 되지만 악한 업을 많이 쌓은 사람은 지옥으로 가거나 짐승으로 환생하게 된다고 하지요. 꼭 종교적인 믿음이 아니라 하더라도 '환생'에 대한 믿음을 가진 사람들은 많이 있습니다. 우리 영혼이 육체의 죽음과 함께 사라진다고 생각하기에는 영혼이 가진 힘, 그 생명력이 죽음 앞에서도 너무나 또렷하기 때문입니다. 인간은 죽음이 찾아오는 그 순간까지 생각하고 사랑하고 느낍니다.

내세사상 즉, 사후에 또 다른 세상이 있을 것이라는 믿음은 죽음으로 떠나는 이들을 아름답게 보내려는 장례문화를 만들어냅니다. 지역의 특색에 따라 다르게 발달한 장례문화는 그들이 살아온 삶이 어떠했는지까지 보여주는 특별한 풍습이 되었습니다.

그림책 『별이 되고 싶어』는 이 장례문화에 대해 보여주는 책입니다. 수장, 조장, 수목장, 화장, 풍장 등 다양한 장례문화를 알려주는 지식 책과 같이 보이지요. 하지만 사실 이 책은 삶을 이야기하는 책입니다. 이야기를 들어보세요.

카이와이는 바다를 보며 자랐어. 세찬 바람이 불기도 했지만 파도는 물고기를 데려왔고 바닷가는 풍요로웠어. 카이와이는 감사하며 살다가 바다가 되었단다.

폴리네시아 섬의 '수장'에 대한 이야기입니다.

토오라시아는 불꽃처럼 아름다웠어. 언제나 좋은 옷을 입고 맛있는 음식을 먹었지. 어느 날 토오라시아는 불꽃이 모든 것을 태우고 재만 남기는 것을 보았어. 토오라시아는 베풀며 살다가 아름다운 불꽃이 되었지.

인도의 '화장'에 대한 이야기입니다.

살리흐와 바람은 넓은 초원에서 태어나 함께 자랐어. 바람은 떠날 때를 알려주었고 살라흐는 바람을 따라다니며 많은 것을 보았지. 살리흐는 자유롭게 살다가 바람이 되었단다.

몽골지역의 '풍장'에 대한 이야기입니다.

만희는 흙을 밟고 자랐어. 봄이 되면 땅에서 돌을 골라내고 흙 속에 씨앗을 뿌렸어. 그리고 가을에는 땀 흘린 만큼 곡식을 거두어들였어. 만희는 정직하게 살다가 흙으로 돌아갔단다.

우리나라의 장례문화인 '토장'에 대한 이야기입니다.

『별이 되고 싶어』는 그밖에도 티벳지역의 조장(독수리에게 죽은 자의 유해를 맡기는 장례), 인디언들의 수목장도 보여줍니다. 그런데 이 모든 장례 의식의 공통점은 무엇일까요? 바로 그 지역의 '삶'이 장례의식과 연결되어 있다는 것입니다. 내세를 기약하는 그 어떤 것 이라 여겨졌던 장례문화를 가만히 살펴보면 그저 이생의 삶을 담은 그릇이었다는 것입니다.

인도의 민족해방운동과 인권운동을 주도한 마하트마 간디의 묘 비에는 살아생전 그의 생각이었던 "My life is My message.(내 삶이 곧 나의 메시지다.)"라는 말이 적혀 있다고 합니다. 간디는 자신이 사 람들에게 마지막으로 남기고 싶은 메시지가 이미 삶에 다 표현되어 있다고 말한 것입니다.

『별이 되고 싶어』의 작가는 마지막으로 이렇게 이야기 합니다.

나는 별이 좋아. 너는 무엇이 되고 싶어?

별이 좋다고 이야기하네요. 그런데 앞서 이야기에서처럼 죽어서 별이 되기 위해 어떻게 살고 있다거나 어떻게 살겠다는 말은 없습니다. 그리고 다시 우리에게 질문을 던집니다. 무엇이 되고 싶으냐고요. 이 질문이 우리에게 주는 의미는 무엇일까요?

작가 이민희는 죽음에 대해 이야기하고 있지만 또한 삶에 대해 이야기했습니다. 카이와이가, 토오라시아가, 살리흐가, 만희가 살아온 삶은 죽음까지도 '그 무엇이 되게' 하는 삶의 연장이라고 이야기했지요. 삶과 죽음은 결국 한 줄기라는 것입니다. 그러니까 이민희 작가가 "나는 별이 되고 싶어."라고 이야기하는 것은 죽어서 별이 되겠다는 말보다는 별처럼 살겠다는 말이 됩니다. 우리가 성경 말씀대로 세상에 나가서 '빛과 소금'이 되겠다는 것과 마찬가지지요. 그래서 "너는 무엇이 되고 싶어?"라는 작가의 질문은 "너는 죽어서 무엇이 되고 싶어?"라는 질문이라기보다는 "너는 무엇이 되어 살아가고 싶어?"라고 묻는 질문과 일치합니다.

그렇다면 죽음마저 아름다워 보이도록 삶을 아름답게 산 사람들을 떠올려 떠올려볼까요?

'울지마 톤즈'라는 영화를 기억하시나요? 고 이태석 신부님의 일생을 그린 영화입니다. 이태석 신부님은 의과대학을 나와서 신부님이 되어 선교의 사명을 가지고 아프리카로 떠났습니다. 아프리카에서도 오지로 불리는 수단의 톤즈에서 말라리아와 콜레라로 죽어가는 사람들과 나병 환자들을 치료했다고 합니다. 학교를 세워 원주민들을 개화하기도 했으며 전쟁으로 상처받은 원주민의 마음을 치료하기 위해 음악을 가르치기도 했습니다. 자신의 몸은 돌보지 않을 정도로 헌신적이었던 이태석 신부님은 안타깝게도 대장암으로 48세의 나이에 하나님 곁으로 떠났습니다. 그는 떠났지만 톤즈의 주민들은 그로 인해 전쟁의 아픔을 치유하고 삶의 희망을 품기 시작했습니다. 많은 사람이 그가 보여주었던 하나님의 사랑과 인류애에 감동하며 고인의 뜻을 기리는 '사단법인 이태석 사랑 나눔'을 설립하여 그와 같은 삶을 살기를 열망하게 되었습니다.

한국의 슈바이처라 불리는 고 장기려 박사님의 삶도 살펴봅시다. 돈이 없어 치료를 못 받는 사람들을 위해 의사가 되었다는 그는 평생을 가난한 사람들과 함께하는 의사로 살아갔습니다. 무료진료기관인 '복음병원'을 설립하였으며 한국 최초의 민간의료보험인 '청십자'도 설립하였습니다. 삶의 실패를 겪고 자살을 결심하는 사람들을 위로하고 살리기 위해 '부산 생명의 전화'를 개설해 마음이 아픈 이들까지 보듬기도 했습니다. 많은 일을 이루셨지만 한 번도 좋은 집에서 좋은 음식을 먹으며 살아 온 적이 없으며 고신대학교 복음병원이 병원 옥상에 마련해준 20평 관사에서 무소유를 실천하며 늘 검소하게 사셨다고 합니다. 그의 삶은 지금까지도 많은 사람의 귀감이 되어 그의 유지를 기리기 위해 '장기려 박사 의료봉사단', '장기려 박사 나눔센터' 등이 설립되었습니다.

고 이태석 신부님, 고 장기려 박사님. 이 분들의 빛나는 삶은 빛나는 죽음이 되어 남겨진 사람들에게 아직도 빛을 주고 계십니다.

풍자를 즐겼던 영국의 유명한 극작가 '조지 버나드 쇼'의 묘비에는 이런 글이 쓰여 있다고 합니다.

> "I knew if I stayed around long enough something like this would happen.(우물쭈물거리다 내 이렇게 될 줄 알았지.)"

버나드 쇼는 한 번뿐인 나의 삶, 우물쭈물하지 말고 하루하루를 열심히 살아가자고 일침을 가하네요. 그렇게 살다 보면 이 세상 떠나는 순간도 미련 없이 멋지게 맞이할 수 있지 않을까 생각해봅니다. 그리고 멋지게 살다간 나의 흔적으로 인해 또 다른 누군가가 멋지게 살아지지 않을까 기대해봅니다.

그럼 모두 나의 삶에 파이팅!

낙서일기

나는 좋은향이 나는 향수 같은
사람이 되고 싶다

너는 어떤 사람이

되고 싶니?

1. 열다섯 번째 수다, '너는 무엇이 되고 싶어?'는 지금 나의 삶이 어떠한가를 돌아보려는 생각과 일치합니다. 나는 어떤 삶을 살아가고 있나요?

----

2. 『별이 되고 싶어』는 문화에 따라 다른 각 나라의 장례의식에 관한 이야기입니다. 나의 죽음 후에 장례는 어떤 장례가 되길 원하나요? 장례 문화에 대해 이야기해봅시다.

----

3. 장례식장에 가보면 그 사람이 어떤 삶을 살았는지 알 수 있다고들 합니다. 이 말의 뜻은 무엇일까요? 마지막이 아름다운 삶에 대해 이야기해보세요.

---

4. 종교적으로 인간이 마음대로 '죽음'에 개입하는 것은 '죄'로 여겨집니다. 그래서 '살인'은 물론, '낙태', '안락사', '자살'과 같은 문제까지도 옳지 않은 행동으로 여겨집니다. 반면에 이런 문제들은 인간의 존엄과 연결되기도 하기에 신중히 판단해야 한다고도 합니다. 죽음이 삶의 한 부분이라면 우리는 '죽음'을 어떻게 대해야 할까요? 죽음과 관련된 여러 가지 문제에 대한 생각을 나눠봅시다.

 6장 '복음'이 무엇인가요?

"이와 같이 하나님께서는 세상을 사랑하여 독생자를 주셨다.
이는 누구든지 그의 아들을 믿는 사람은 멸망하지 않고 영생을
얻게 하려 하심이다."

– 『쉬운성경』 요한복음 3장16절

열심히 수다를 떨어왔는데 이제야 진짜 중요한 이야기를 하게 되네요. 우리가 늘 입버릇처럼 말하는 '복음'에 대해 이야기하려 하니까요. '복음'의 사전적인 의미는 '기쁜 소식'입니다. 기독교적인 용어라 예수님을 모르는 친구들에게는 낯선 단어지요. '복을 받는다.'고 말할 때 '복(福)'자와 소리를 뜻하는 '음(音)'자가 합쳐져서 만들어진 단어입니다. 글자 그대로 말하면 '복된 소리' 정도 되겠네요. 기분 좋은 소리, 복을 주는 소리. 그 소리는 과연 뭘까요?

기독교 교리의 핵심이 되는 '복음'은 바로 요한복음 3장 16절이라고 이야기합니다. 죄로 인해 천국을 바라볼 수 없는 사람들을 위해 하나님은 예수 그리스도를 보내셨고, 우리는 그분을 그저 믿기만 하면 영생의 소망을 바라볼 수 있다는 것입니다.

우리는 '복음' 앞에 3가지 단어를 생각하게 됩니다. '죄악', '그리스도', '소망'입니다. 이제 그 이야기들을 시작하겠습니다.

16
선과 악, 그 양면성 앞에서

『지킬 박사와 하이드 씨』
로버트 루이스 스티븐슨 | 문학동네

안타깝게도 우리는 '악'이 창궐한 시대를 살아가고 있습니다. 아직은 세상이 살 만하다고 하며 곳곳에 숨어있는 미담들을 찾아내고 그 이야기들로 메마른 우리의 마음을 적시기도 하지만 말입니다. 어쩌면 우리가 SNS나 매스컴 상에서 자꾸자꾸 감동적인 이야기를 찾아다니는 것도 세상이 점점 악해져 가니 위로받을 곳이 필요해서가 아닐까 생각하게 됩니다. '강남역 묻지마 살인 사건', '여중생 유아 살해 유기사건', '여중생 폭행 사건' 등으로 한동안 세상이 떠들썩했습니다. 악한 일을 악한 줄 모르고, 천연덕스럽게 죄책감 없이 행한 그들을 보며 우리 사회는 경악했습니다. 모두가 똑같은 인간인데 어떤 사람은 끔찍하리만큼 그 행동이 악하고, 또 어떤 사람은 성자로 불릴 만큼 천사 같은 행동을 하는 이유는 무엇일까요? 살아온 배경이 달라서일까요? 받아 온 교육이 달라서일까요? 이도 저도 아니면 타고 난 천성 때문일까요?

중학교 도덕 시간이나 고등학교 생윤(생활과 윤리) 시간에 배운 '성선설', '성악설'을 떠올려 봅시다. 인간은 과연 선한 존재일까요? 악한 존재일까요? 사람들 대부분은 선한 행동을 추구하는 것처럼 보입니다. 하지만 또 어떤 때는 바로 그 선했던 사람이 아주 악한 행동을 하기도 하지요. 인간을 선한 존재라고 하거나 악한 존재라고 하거나 한쪽만으로 딱 잘라 규정 하기는 쉽지 않습니다. 성경은 인간이 '하나님의 형상'으로 만들어졌다고 합니다. 그렇다면 기독교는 '성선설'을 주장하는 것일까요? 그것 또한 딱 그렇지만은 않습니다. 태초의 인간인 하와는 뱀에게 유혹되어 '하나님과 같아지려는' 욕망을 드러내며 '죄악'을 불러들였으니까요. 인간의 성품을 본래 선한 것으로 보는 맹자의 '성선설'이나 본래 악한 것으로 보는 순자의

'성악설'은 그저 이분법적 사고의 오류인지도 모르겠습니다. 다시 말해 인간은 선과 악, 양면을 모두 가지고 있는 존재라는 것입니다.

로버트 루이스 스티븐슨은 인간의 이러한 양면성을 소설이라는 장치를 통해 선명하게 보여줍니다. 『지킬 박사와 하이드』는 제목이 표면적으로 보여주는 것처럼 두 사람의 이야기가 아닙니다. 원래 하나인 사람이 '악한 존재'와 '선한 존재'로 분리되는 것이지요. 지킬 박사는 인간의 양면성을 인식하고 이 두 가지 요소를 분리하려 합니다. 만약 이 실험에 성공할 수 있다면 인간은 참기 힘든 고통에서 해방될 수 있다고 생각했습니다. 그가 남긴 최후의 진술은 그의 생각을 대변합니다.

"부조리한 반쪽은 좀 더 고결한 반쪽의 드높은 포부와 양심의 가책에서 벗어나 제 갈 길을 가면 될 터였고, 올바른 반쪽은 서로 완전히 다른 이 악한 본성이 저지르는 수치스러운 짓에 더 이상 괴로워할 필요 없이 기쁘게 선행을 베풀며 스스로 옳다고 생각하는 길을 흔들림 없이 착실하게 걸어가면 되지 않을까 싶었네."

지킬 박사는 실험에 성공합니다. 그가 직접 발명한 약을 먹을 때만 악의 본성을 가진, 그리고 모습도 달라지는 전혀 다른 인물로 변신하게 됩니다. 두 사람으로 분리되는 것이 아니라 하나의 육체가 변신을 통해 두 가지 성품과 두 가지 모습을 갖게 된 것입니다. 이것은 인간의 양면성을 그대로 보여주는 소설의 장치입니다. 인간은 선하지만, 또한 악합니다. 그 두 가지 속성을 한 몸에 가지고 있다는 것입니다.

그런데 사실 지킬 박사가 하이드를 만들어낸 이유는 단순한 과학자로서의 기이한 호기심 때문만이 아니었습니다. 그가 부단한 노력으로 갖게 된 학자로서의 권위, 명예, 그 모든 것을 지켜내면서도 그의 안에 숨어있는 일탈의 욕망을 해결하기 위해 또 다른 존재를 필요로 했던 것입니다. 결국, 지킬의 잘못된 욕망이 '악의 화신'을 만들어낸 것입니다. 이 또한 이중적이며 양면적인 지킬의 모습이네요. 학자로서의 탐구심, 그리고 그의 원초적 욕망.....

"그 당시에도 나는 무미건조한 연구 생활을 못내 지겨워하고 있었네. 지겨운 나머지 때로 신나게 놀아보고 싶다는 생각이 여전히 고개를 쳐들었지. 내가 추구하는 쾌락은(아무리 좋게 말한다 해도) 점잖지 못했던 데 비해 나는 유명 인사에다 사회적으로 꽤 존경받는 위치에 있었네. 게다가 나이를 먹을수록 이런 모순된 생활이 점점 못마땅하게 여겨졌네. 그런 가운데 내가 새로 얻은 힘은 견디기 힘

든 유혹으로 다가왔고, 결국 나는 그 힘의 노예가 되고 말았네. 약을
한 잔 들이켜기만 하면 그 자리에서 나는 저명한 교수의 육신을 벗
어버리고 하이드의 육신을 두꺼운 망토처럼 두를 수 있었으니까."

　지킬은 자기 안에서 스멀스멀 살아 움직이는 '악'을 다스리지 못
했습니다. 동전의 양면, 우리 안의 선과 악, 악을 다스리는 것은 인
간의 숙명인 듯합니다. 창세기에는 가인과 아벨 형제 이야기가 나옵
니다. 가인은 하나님께서 동생 아벨의 제물은 받으시고 그의 제물을
받지 않으신 데 대해 분노를 느낍니다. 아벨을 질투합니다. 하나님
께서 가인에게 "네가 좋은 마음을 품지 않으면 죄가 너를 지배하려
할 것이다. 죄는 너를 다스리고 싶어 하지만, 너는 죄를 다스려야 한
다."(창세기 4장 7절, 쉬운성경) 라고 경고하시지만 가인은 결국 동
생을 죽이고 맙니다. 죄의 속성은 이런 것입니다. '악'의 성질은 바
로 '늪'과 같은 것이지요. 발을 들여놓으면 빠져들어 가는 것은 순식
간이지만 빠져나오는 일은 죽을 만큼 힘이 듭니다. 평생 수많은 시
편을 남기며 하나님을 찬양하는 삶을 살았던 다윗도 남의 아내를 탐
하는 욕망을 다스리지 못하고 그녀의 남편을 위험한 전쟁터로 보내
죽게 만드는 죄를 범하기도 했으니까요.

　지킬은 수많은 갈등에 시달리며 자신이 만들어 놓은 늪으로부터
빠져나오기 위해 안간힘을 씁니다. 지나가는 아이를 짓밟는 것에서

시작한 하이드의 악행은 커루경의 살해까지 이어집니다. 그러나 이미 하이드는 통제 불능의 상태가 되어버리지요. 약을 먹지 않더라도 인식하지 못하는 순간 지킬은 하이드로 변해버립니다. 이 통제 불능의 상태에서 벗어나기 위해 지킬은 극단적인 선택을 할 수밖에 없었습니다. 자신의 육체를 죽음으로 잠재우는 것이지요.

『지킬 박사와 하이드 씨』 이야기는 섬뜩하고 충격적입니다. 하지만 이야기의 기괴함이 우리에게 충격을 주는 것이 아니라 인간의 민낯을 고스란히 대해야 한다는 것에서 충격을 느낄 수밖에 없습니다. 우리 안에 선과 악이 늘 공존한다는 것이지요. 아! 그럼 이 죽일 놈의 '악', 이 죄성을 우리는 어떻게 해야 할까요? 끊임없이 우리를 유혹할 텐데요.

어디선가 한 번쯤은 들어봤음직 한 인디언 이야기 하나를 떠올려봅시다. '착한 늑대와 나쁜 늑대' 이야기입니다. 나이 많은 인디언 할아버지가 어느 날, 귀여운 손자에게 이야기를 시작합니다. "애야, 네 마음속에는 착한 늑대와 나쁜 늑대가 함께 살고 있다는 것을 늘 명심하렴." 그러자 아이는 두 늑대 중 누가 더 강한지를 물어봅니다. 싸우면 누가 이기냐고요. 그러자 할아버지는 대답하지요. "네가 먹이를 주는 늑대가 항상 이기게 된단다. 더 튼튼해지거든."

우리는 어떤 늑대에게 더 많이 먹이를 주고 있을까요? 내가 지금

하는 행동은 어떤 늑대에게 밥을 주는 행동일까요? 이렇게 답을 찾아가는 순간순간이 우리를 '선한 사람'으로 만들어갈 수 있지 않을까 생각합니다.

'성화(聖化)'라는 단어가 있습니다. 한자 그대로를 풀이하자면 '성스럽게 되다'라는 뜻입니다. 성스럽다니요. 하나님께나 어울리는 단어 같습니다. 매우 어려운 일로 느껴지기도 하고요. 순교라도 해야 할 것 같습니다. 그러나 그리 어려운 일을 이야기하는 것만은 아닙니다. 우리가 날마다 조금씩 '예수님을 닮아가는' 삶을 살도록 노력하고 조금씩 예수님을 닮아가는 과정을 '성화'라고 합니다. 우리가 가진 선과 악의 양면성을 극복하고 '선한' 존재로서의 우리를 찾아가는 길, 그것이 궁극적으로 우리가 가야 할 성화의 길입니다.

세상 사람들 모두가 편하고 즐겁게 자신만의 행복을 찾아가고 쾌락과 향락을 즐기는데 왜 우리만 그렇게 힘들게 살아야 하느냐고 반문할 수도 있을 것입니다. 한 번뿐인 인생인데 군이 왜 그렇게 어렵고 힘든 길을 선택해야 하느냐고 말하고도 싶겠지요. 때로 세상이 옳다고 여기는 방향과 다를 수도 있고, 세상이 좋아하는 방향과 다를 수도 있는데 그래서 우리가 가는 길이 다른 사람들이 보기엔 정말 이상하고 우습게 보일 수도 있는데 왜 군이 그렇게 살아야 하느냐는 고민이 생기기도 합니다. 그럼에도 불구하고 우리가 그 길을 가야 하고 가려 하는 것은 우리는 '하나님의 형상'을 따라 지어진 소중한, 아주 소중한, 아름다운, 아주 아름다운 존재이기 때문입니다.

준비되셨나요? 우리는 우리 안에 존재하는 '악함'을 날려버리고 '선함'으로 살아갈 하나님의 용사들입니다. 바울이 초대교회 성도들을 향해 뜨겁게 전한 말씀 속에서 우리가 가야 할 그 길을 찾아보려 합니다.

> "아무에게도 악을 악으로 갚지 마십시오. 모든 사람이 보기에 선한 일을 하십시오. 여러분 쪽에서 할 수 있는 일이라면 모든 사람과 더불어 화평하게 지내십시오. 악에게 지지 말고 선으로 악을 이기십시오.(로마서 12장 17~18,21절, 쉬운성경)

낙서일기

앗, 쩔리는데!
나는 어떤 지킬 앤 하이드?

나도 수다!

1. 열여섯 번째 수다, '선과 악, 그 양면성 앞에서'를 어떤 느낌으로 읽었나요? 내 안에 '죄악'이 존재한다는 것을 인정할 수 있나요? 나의 죄악된 본성이 느껴질 때는 어떤 때인지 이야기해보세요.

----

2. 『지킬박사와 하이드 씨』는 인간이 가진 선악의 양면성에 대해 이야기하고 있습니다. 내 안의 선을 키워가는 일들은 어떤 것이 있을까요?

----

3. 우리 사회의 제도나 법률은 잘못된 욕망을 제어해주는 역할을 하기도 하지만 지킬박사와 같이 오히려 사회적 규범 때문에 제어된 욕망으로 스트레스와 갈등에 시달리게 되기도 합니다. 그렇다면 '욕망'을 지혜롭게 컨트롤하는 방법은 무엇일까요?

----

4. 에덴동산의 뱀의 유혹은 인간의 욕망이 '죄'를 가지고 들어옴을 보여주고 있습니다. 우리 안에 죄를 만드는 욕망은 어떤 것들이 있을까요? 생각해봅시다.

17

위대한 사랑, 새 생명의 시작

『양철곰』
이기훈 글, 그림 | 리젬

2008년에 개봉했던 '월-E (WALL·E)' 라는 영화가 있습니다. SF애니메이션으로, 유쾌한 코미디와 진한 감동을 동시에 준 작품이었습니다. 무분별한 개발로 쓰레기로 가득 차 버려 인간이 살아갈 수 없는 지구, 인간들은 그곳에 청소로봇들만 풀어놓고 우주선으로 탈출합니다. 하지만 수많은 청소로봇들이 임무에 실패하고 단 하나의 월-E(WALL-E: Waste Allocation Load Lifter Earth-Class, 지구 폐기물 수거-처리용 로봇)만 남게 되지요. 월-E는 혼자이지만 자신의 임무를 계속합니다. 오랜 시간 홀로 임무를 수행하던 그는 어느 날, 지구에 생명체를 찾기 위해 도착한 탐사 로봇 '이브'와 만나게 됩니다. 그리고 차도녀 같은 이브에게 사랑을 느끼게 되지요. 이브는 자신을 사랑하게 되어 위험에서 구해주기까지 한 월-E의 집에서 자기가 찾던 생명체인 '식물'을 찾게 됩니다. 그리고 그 식물을 자신의 몸속에 넣고 우주선으로 귀환하게 됩니다. 월-E는 사랑에 빠져 이브를 따라 지구인들이 살아가는 우주선에 들어가게 되지요. 그곳에서 벌어지는 이브와 월-E의 고군분투 '식물 지키기'와 '지구 귀환기'는 소중한 자연을 지키는 간절함 마음과 애틋한 사랑을 보여주는 로맨스 SF를 만들어냅니다. 마치 생명의 소중함을 지키는 일은 '사랑'으로부터 시작된다고 이야기해주는 것 같습니다.

이기훈의 『양철곰』은 월-E처럼 지구의 미래, 그 암울한 어느 순간을 그린 그림책입니다. 더불어 위대한 사랑을 실천하고 소중한 생명의 시작을 만들어내는 거룩한 희생을 보여주기도 하지요.

그림책의 첫 장면은 풀 한 포기 나무 한 그루 찾기 힘든 낡고 녹슨 잿빛 도시를 보여줍니다. 초록이라고는 보이지 않는 잿빛 도시 한 가운데 양철곰이 양팔을 벌리고 무엇인가를 지키고 있는 모습이 보입니다. 자세히 들여다보면 양철곰이 지키고 있는 것은 바로 '초록 언덕'입니다. 얼마 남지 않은 숲을 지키기 위해 양철곰이 양팔을 벌리고 버티고 있는 것입니다. 그 모습은 마치 골고다 언덕의 예수님같이 보이기도 합니다. 십자가의 예수님이 지켜낸 것도 우리의 생명, 양철곰이 비장한 모습으로 지키고 있는 것도 바로 '생명'입니다.

초록 언덕 앞에 버티고 서 있는 양철곰 주위에는 새떼들이 분주히 움직이고 있습니다. 새들은 부지런히 생명의 시작이 될 수 있는 도토리들을 모아 어딘가에 저장하고 있습니다. 책장을 넘기면 다람쥐와 새들이 도토리를 모아두고 있는 곳이 바로 양철곰의 몸 안이라는 것을 알 수 있습니다. 새들과 다람쥐, 여우들은 무차별적으로 달려들며 숲을 파괴하는 포클레인 앞에 속수무책 우왕좌왕 합니다. 무지막지한 포클레인의 폭력 앞에 작은 동물들이 할 수 있는 일은 그저 필사적으로 양철곰의 몸 안에 자신들의 양식이 되고 씨앗이 되어줄 도토리들을 가져다 쌓아놓는 일뿐이었습니다. 숲을 지키려는 양철곰 앞에는 숲을 파괴하기 위해 대기하고 있는 거대한 톱날과 '양철곰 OUT'을 외치는 성난 군중들이 모여 있습니다. 결국 성난 군중에 몰려 양철곰은 숲에서 밀려납니다. 숲은 완전히 사라집니다. 그리고 얼마 못 가 지구는 스모그로 가득 차 살 수 없는 곳이 되고 맙니다. 한 치 앞을 내다보지 못하고 숲을 파괴해버린 인간의 어리석음이 참으로 한심합니다.

미련하고 어리석은 지구인들은 더럽혀진 지구를 버리고 새롭게 발견한 '황금별'로 떠납니다. 황금별로 떠나는 은하철도는 기차 지붕에까지 꾸역꾸역 올라타는 사람들의 무리에 쌓여 마치 전쟁터의 피난 열차처럼 처참합니다. 그러나 그것도 잠시 은하철도 승차권을 구하지 못해 기차 지붕에 올라탔던 가난한 사람들은 역무원에 의해 모두 쫓겨나게 됩니다. 은하철도를 타지 못한 가난한 사람들은 참담한 심정으로 발걸음을 돌리고 기차는 떠납니다.

숲을 지켜내려던 양철곰은 무엇을 하고 있을까요? 도시를 가로지르는 강줄기 가운데 서서 버려진 포크레인 삽을 들고 끝없이 자기 몸에 물을 부어대는 기이한 행동을 하고 있습니다. 시간이 지나고 계절이 여러 번 바뀌어도 양철곰은 계속 자신의 몸에 물을 붓습니다. 몸이 녹슬어 점차 부서지고 떨어져 나가도 끝없이 자신의 몸에 물을 부어댑니다.

아직 지구에 남은 한 소년이 양철곰을 설득합니다. 이제 지구를 버리고 은하철도를 끌고 황금별로 떠나자고요. 하지만 양철곰은 아이의 말에도 아랑곳하지 않고 끝없이 자기 몸에 물만 붓고 있습니다. 소년은 점점 더 녹슬어 부서져 가는 양철곰이 안타깝습니다. 양철곰을 고치려고 공구통을 들고 나타납니다. 하지만 소용이 없습니다. 양철곰은 이내 부서져 내리고 맙니다. 주저앉은 양철곰 위에서

소년은 하염없이 웁니다. 양철곰이 끄는 은하철도를 타고 황금별로 떠나려던 소년의 꿈도 사라지고 말았으니까요. 소년의 눈물이 하염없이 흐르고, 눈물 같은 비도 하염없이 쏟아집니다. 하지만 양철곰이 부서져 주저앉은 곳에 내리는 비는 은총 같은 비였습니다. 양철곰의 몸 안에 숨겨져 있던 씨앗들이 싹을 틔우고 메마른 지구에 푸른 생명을 피워냅니다.

그림책『양철곰』은 감동적인 SF영화를 보는 듯한 착각을 불러일으킵니다. 지구와 남은 인류를 위해 자신의 몸을 버린 양철곰의 희생은 경이롭습니다. 양철곰의 숭고한 희생 앞에 우리는 그리스도의 사랑을 떠올리게 됩니다. 푸른 숲을 지켜내기 위해 양팔을 벌린 양철곰, 자신의 몸이 부서지도록 물을 붓는 양철곰, 그래서 기어이 초록 생명을 살려내는 양철곰의 행보가 예수님을 닮아있기 때문입니다.

예수님은 우리를 지켜내기 위해 어둠의 세상과 '정면승부' 하셨습니다. 두 팔을 벌린 채 피 흘리시며 말입니다. 체포되어 십자가형을 받기까지 예수님의 시간을 더듬어보면 시시각각 조여 오는 어둠의 세력 앞에 얼마나 당당하게 맞서셨는지 놀라게 됩니다. 로마군인과 대제사장, 바리새인들이 예수님을 잡으려고 왔을 때 예수님은 제자들과 함께 계셨습니다. 잡히시는 그 순간까지 예수님은 자기의 사랑하는 제자들을 의연히 지키십니다. "너희가 찾는 사람이 바로 나라면 이 사람들은 가게 하여라."(요한복음18장 8절, 쉬운성경) 예수님은 제자들이 달아나도록 그냥 두게 하시고 홀로 체포되어 죽음으로 치닫는 그 길을 성큼성큼 걸으십니다. 빌라도의 재판정 앞에서도 살아남기 위한 어떤 변론도 하지 않습니다. 예수님의 죽음이 우리를 살릴 것을 아시기 때문이었습니다. "당신이 왕이란 말이요?"라는 빌라도의 물음에도 당당히 그렇다고 말씀하십니다. 하나님 나라의 왕 되심을 선포하신 것입니다. 어리석은 군중과 빌라도는 예수님의 말을 알아듣지도 예수님의 사랑을 느끼지도 못합니다. 예수님은 누구도 가지 않은 길, 누구도 도와주지 않는 그 길을 기꺼이 홀로 가셨습니다. 우리를 살리시기 위해서요.

『양철곰』의 작가 이기훈은 크리스천입니다. 양철곰 이야기 속에 위대한 사랑으로 만들어낸 새로운 생명의 시작, 그 '복음'을 숨겨놓았습니다. 끝없이 악한 마음과 싸우며 끝없이 죄를 짓는 인간의 문제를 인간 스스로 해결하는 것은 불가능한 일입니다. 이 문제를 해결해주는 것이 바로 '복음'입니다. 어떤 종교들은 선행을 통해, 어떤 종교들은 고행을 통해, 어떤 종교들은 희생제물을 통해 죄의 문제를 해결하고 궁극의 행복, 천국에 이른다고 합니다. 하지만 하나님은 '복음'을 제시하십니다. 우리가 가진 죄의 문제는 '예수님'께서 해결해주십니다. 예수 그리스도께서 감당하신 십자가의 고난은 우리의 죄를 대신 지신 '사랑'이셨습니다. 복음은 이에서 끝나지 않습니다. 예수님은 죽음에서 생명으로 사흘 만에 부활하셨습니다. 그의 부활은 우리의 부활을 의미합니다. 우리에게 새로운 생명이 주어졌음을 보여준 것입니다. 우리는 이 모든 것을 믿기만 하면 '사망에서 생명으로' 옮겨집니다. 이것이 바로 복음입니다.

그림책 이야기로 다시 돌아가 볼까요? 노아의 방주 이야기를 알고 있나요? 하나님은 죄악으로 가득 찬 세상을 벌하시기 위해 홍수로 세상을 쓸어버리십니다. 그 비가 그친 후 노아는 땅에 비가 말랐는지 알기 위해 비둘기를 세상으로 내보냅니다. 그 비둘기는 감람나무 잎사귀를 입에 물고 돌아와 새 땅의 소식을 전하지요. 우리가 그림책의 마지막 장면에서 만날 수 있는 비둘기는 바로 이 비둘기가 아닐까요? 먹구름 사이로 날아오른 비둘기는 '회복'을 상징합니다. 새로운 세상을 예고하지요. 다시 살아남, '부활'을 뜻합니다. 그림책을 한 장을 더 넘기면 초록이 넘실거리는 곳, 푸른 향기가 퍼지는 그곳, 그곳에서 사람들이 물고기를 잡고 물놀이를 하고 있습니다. 날짐승들과 들짐승이 모두 어울려 자연을 즐깁니다. 마치 천국 같은 장면이 펼쳐지네요. 그 중심에 초록으로 뒤덮인 양철곰이 가만히 앉아 있습니다. 이것이 바로 천국을 바라보는 '복음'의 결말입니다. 예수 그리스도로 인해 천국의 소망은 우리의 것이 되었습니다. 양철곰의 희생이 만든 푸르른 자연처럼 예수 그리스도의 희생은 우리를 천국에 이르게 합니다.

"내가 너희에게 진리를 말한다. 누구든지 내 말을 듣고 나를 보내신 분을 믿는 사람은 영원한 생명을 얻었고, 심판을 받지 않을 것이며 사망에서 생명으로 옮겨졌다.(요한복음 5장 24절, 쉬운성경)

아, 이야기가 끝이 아니었네요. 이기훈은 책을 덮기 전에 말씀 한 절을 책의 말미에 남겼습니다.

"내가 진실로 진실로 너희에게 이르노니 한 알의 밀이 땅에 떨어져 죽지 아니하면 한 알 그대로 있고 죽으면 많은 열매를 맺느니라."(요한복음 12장 24절, 쉬운성경)

예수님처럼 한 알의 밀알이 되어 살라고 말합니다. 우리에게요.

낙서일기

그리스도 인류의 희망, 양철곰!

1. 열일곱 번째 수다, '위대한 사랑, 새 생명의 시작'은 복음의 핵심이 '행위'에 있지 않으며 '믿음'으로 주어지는 예수님의 선물임을 이야기 했습니다. 그럼에도 불구하고 우리가 선한 행위를 해야 하는 이유는 무엇일까요? 이야기를 나누어봅시다.

----

2. 『양철곰』이야기를 읽으며 어떤 생각을 했나요? 예수님의 모습을 닮은 양철곰! 예수님과 양철곰의 공통점을 찾아봅시다!

----

3. 양철곰이 지구를 떠나지 않은 이유는 무엇일까요? 남은 자들을 황금별로 이끄는 영웅이 될 수 있었음에도 불구하고 왜 지구에 남아 자신의 몸을 버리며 폐허가 된 지구를 살리려했을까요? 양철곰의 마음이 되어 이야기해봅시다.

----

4. 작가 이기훈이 작품의 마지막에 남긴 말씀 요한복음 12장 24절의 말씀이 뜻하는 바를 설명해주세요. 이런 삶을 산 사람들은 누구인지 떠올려 보세요.

18
천국의 열쇠

『사람은 무엇으로 사는가』
톨스토이 단편선 | L.N.톨스토이 | 인디북

선생님의 개인정보를 살짝 공개해볼까요? 선생님
의 이메일주소나 인터넷 아이디는 대부분 pianokey로 시작합니다.
메일주소를 접한 많은 사람들은 왜 '피아노'도 아니고 '피아노키'냐
고 묻습니다. 피아노를 잘 치냐고 묻는 사람도 있고, 피아니스트냐
고 묻는 사람도 있지만요. 둘 다 아닌데 말이지요. 질문에 대한 선생

님의 답은 이렇습니다.

> "피아노는 아름다운 음악을 만들죠. 별 쓸모가 없어 종종 잃어버리
> 곤 하는 '피아노 키'는 사실 음악을 만드는 건반을 지킵니다. 건반의
> 소중함을 아는 사람은 피아노 키의 중요성도 인식하지요. 그래서 피
> 아노를 치지 않을 때는 꼭 잠가두기도 한답니다. 저는 음악의 소중
> 함을 알고, 건반을 지키는 피아노 키처럼 세상의 소중한 것들을 지
> 키는 삶을 살고 싶습니다."

친구들은 아이디 하나에 뭐 이리 거창한 이유를 붙이나 생각하고
있겠지만 '열쇠'의 소중함은 아무리 강조해도 지나치지 않지요. 우
리가 가장 흔하게 사용하는 '열쇠'는 '집 열쇠'입니다. 집을 비울 때
아무도 없는 집의 문을 단단히 걸어 잠가 집안의 모든 것을 지켜주
지요. 금고의 열쇠는 두말할 필요도 없지요. 금고 안의 들어있는 값
비싸거나 소중한 것들을 지켜줍니다.

신약성경의 시작인 마태복음에도 특별한 '열쇠'에 대한 이야기
가 하나 나옵니다. 어느 날 예수님이 제자들과 이야기를 나누시다
가 사람들이 자기를 누구라고 하는지 묻는 장면이 나옵니다.(마태복
음 16:13~20) 제자들은 예수님의 물음에 어떤 사람은 '세례 요한이

다.', 또 어떤 사람은 '엘리야다.', 또 어떤 이는 '예레미야나 선지자 중의 하나다'라고 말한다고 대답하지요. 예수님은 다시 묻습니다. "너희는 나를 누구라 하느냐?" 이 질문에 베드로가 씩씩하게 대답을 합니다. "주는 그리스도시요, 살아계신 하나님의 아들이십니다." 예수님은 이 대답이 너무 마음에 들어 칭찬을 하시며 "이를 네게 알게 한 이는 하늘에 계신 내 아버지시다"라고 하시지요. 그리고 베드로 에게 "내가 천국 열쇠를 네게 주니 네가 땅에서 무엇이든지 매면 하늘에서도 매일 것이고, 네가 땅에서 무엇이든지 풀면 하늘에서도 풀릴 것이다."라고 말씀하십니다. 그런데 이 천국 열쇠란 무엇일까요?

A.J.크로닌은 자신의 소설 제목으로 마태복음의 이 말씀에서 언급된 '천국의 열쇠'를 사용합니다. '천국 열쇠'가 무엇일까 하는 의문에서 시작된 소설이라 할 수 있겠네요. 그의 소설 『천국의 열쇠』는 주인공 치점 신부의 헌신적인 선교 활동을 그리며 인내와 희생, 사랑에 대해 이야기합니다. 작가는 이야기의 주인공뿐만 아니라 소설 속에 등장시킨 여러 인물의 자기희생적인 삶을 통해 '천국의 열쇠'는 어떤 종교적인 목적이나 편견, 비판도 넘어선 '숭고한 사랑'에 있지 않겠냐고 독자들에게 되묻습니다.

러시아의 대문호 톨스토이는 천국의 열쇠에 대해 어떤 생각을 했을까요? 그는 '사람은 무엇으로 사는가'라는 제목의 이야기를 통해 그 대답을 제시합니다.

　이야기의 주인공은 가난한 구두 수선공 시몬입니다. 그는 어느 추운 겨울날, 낡고 해진 외투를 버리고 새 외투를 장만하기 위해 마을 사람들에게 빌려준 돈을 받으러 가기로 합니다. 이 시몬이라는 사람 참 요즘 표현으로 '오지랖퍼'입니다. 자신도 가난해서 힘들게 살아가면서 빌려준 돈도 있었나봅니다. 이 못 말리는 오지랖퍼는 결국 이 사람 저 사람의 사정을 들어주다 돈도 못 받고, 속상해서 술만 마시고 집으로 돌아옵니다. 그런데 집으로 돌아오는 길에 다시 오지랖이 발동할 일이 일어나지요. 교회 담벼락에 벌거벗은 사람이 추위에 벌벌 떨고 있지 않겠어요. 아내의 잔소리가 무서워 망설이다 결국은 그에게 낡은 외투를 벗어주며 집으로 데리고 오게 됩니다.

　아내 마트료나가 가만히 있을 리 없었겠지요. 당연히 잔소리 폭탄이 쏟아졌습니다. 하지만 시몬은 찬찬히 상황을 이야기하고 아내를 설득합니다.

"신이 나를 저 남자에게 보내지 않았다면, 저 사람은 죽었을 거예요. 내가 어떻게 해야 했겠소? 저 남자에게 무슨 일이 일어났었는지 우린 모르잖아요. 그래서 저 남자에게 옷을 입히고, 여기에 데려온 거예요. 여보, 그렇게 화내지 말아요. 그건 죄를 짓는 거요. 우리 모두

언젠가 반드시 죽는다는 걸 기억하구려."....(중략)..."여보, 당신에게 신의 사랑이 없어요?" 마트료나는 그 말을 듣고 낯선 남자를 바라보았다. 갑자기 그를 향한 마음이 누그러졌다. 마트료나는 문간에서 발길을 돌려 화덕이 있는 곳으로 갔고 저녁을 내왔다.

덕분에 이 의문의 사나이는 그다음 날부터 시몬의 집에 머무르며 구두수선 일을 배우고 시몬을 도우며 살게 됩니다. 미카엘이라는 이름밖에 밝히지 않은 이 사람은 신기하게도 구두를 만들고 수선하는 일에 놀라운 재주를 보입니다. 시몬의 집은 미카엘 덕분에 구두를 잘 만드는 것으로 소문이 나고 살림살이가 나아집니다. 얼핏 여기까지의 이야기는 '착한 일을 하면 복을 받는다'는 단순한 가치관을 전달하고 있는 것 같습니다. 그런데 이 이야기는 또 다른 비밀을 숨겨 놓고 있었습니다. 사실 미카엘은 하늘나라의 천사였으며 신의 명령을 어긴 벌로 '세 가지 진리'를 배워오라는 명령을 받고 땅으로 내려온 것이었습니다. 하느님이 알아오라고 명령한 세 가지 진리는 '사람에게 무엇이 있고, 사람에게 무엇이 주어지지 않았으며, 사람이 무엇으로 사는지'를 배워오라는 것이었습니다.

미카엘은 시몬의 집에 머무르며 이 세 가지 숙제를 모두 해결합니다. 먼저 자신을 구한 시몬의 선한 행동으로 사람에게 '사랑'이 있음을 알게 됩니다. 첫 번째 숙제를 푼 것이지요. 그리고 자신에게 바로 닥칠 죽음을 알지 못하고 값비싼 구두를 맞추러 온 사람을 보고 사람에게 주어지지 않은 것은 '자신에게 필요한 것을 아는 힘'이라는 것을 알게 됩니다. 두 번째 숙제를 푼 것이지요. 그리고 마지막으로 자신이 낳지도 않은 아이들을 사랑으로 키워낸 여인을 보며 '사람은 사랑으로 산다'는 것을 알게 됩니다. 미카엘은 시몬의 집을 떠나며 이야기합니다. 천사 미카엘의 마지막 메시지입니다.

"사람이 되었을 때 저는 제 자신을 돌보는 것이 아니라 지나가는 사람이 베푼 사랑 때문에 그리고 그와 그의 아내가 저를 불쌍히 여기고 사랑했기 때문에 살 수 있었습니다. 고아들은 그들을 낳아 준 어머니의 보살핌이 아니라, 그들을 불쌍히 여기고 사랑했던 한 낯선 여자의 가슴 안에 있는 사랑 때문에 살 수 있었습니다. 그리고 모든 사람은 그들 자신의 행복을 위한 생각이 아니라, 사람에게 존재하는 사랑 때문에 사는 것입니다……(중략)…… 비록 그들이 자신을 위한 걱정으로 사는 것처럼 보이지만, 실은 그들이 사랑에 의해서만 산다는 것을 이제 이해했습니다. 사랑이 있는 사람은 신 안에 있고, 신은 그 사람 안에 있습니다. 신은 사랑이기 때문입니다."

천사 미카엘은 이 모든 것을 깨닫고 천국으로 돌아갑니다. 결국 미카엘에게 천국으로 돌아가는 '천국의 열쇠'는 '사랑'이었습니다. 그리고 그는 그 '사랑'의 끝판왕이 바로 우리 '하나님'이라고 이야기합니다.

성경은 하나님의 본질적 특성이 '사랑'이라고 성경 곳곳에서 알려줍니다. 구약에서는 이스라엘 백성과 그들의 삶을 이끄시는 하나님을 통해 하나님의 끝없는 사랑을 보여줍니다. 하나님은 자신의 존재를 온갖 기적들로 보여주고 또 보여 주어도 자꾸자꾸 잊어버리고 배신하는 이스라엘을 끝없는 용서로 감싸 안으십니다. 때로 이스라엘을 벌하기도 하시지만 결국에는 다시 회복시키시는 하나님의 사랑이 참으로 눈물겹습니다. 이어지는 신약에는 누구도 흉내 낼 수 없는 놀라운 사랑을 보여주신 예수님이 등장합니다. 인간이 스스로 해결할 수 없는 '죄'라는 문제를 자신을 희생하심으로 단번에 해결하신 십자가 사건은 부활 사건과 멋진 콜라보를 이루며 '구원'이라는 최고의 선물을 우리에게 주었습니다. 이 멋진 사건을 믿기만 하면 '구원'은 우리에게 주어진 선물이지요. 이것이 천국의 열쇠, 우리의 소망입니다.

A.J.크로닌도 톨스토이도 결국 사람을 살게 하고 행복하게 하는 것은 '사랑'이라고 결론을 내립니다. 그런데 바로 이 '사랑'의 완전체가 예수 그리스도시니 천국으로 이끄는 열쇠는 바로 예수 그리스도의 '복음'인 것이지요. 예수님도 '사랑'이 그리스도인이 지켜야 할

계명의 모든 것이라고 가르치십니다. 어느 날 한 율법학자가 예수님을 찾아와 이렇게 묻습니다.

"모든 계명 중에 어떤 것이 가장 중요합니까?"

예수님은 거침없이 선포하시지요.

"가장 중요한 계명은 이것이다. 이스라엘아, 들어라! 주 우리 하나님은 한 분이시다. 네 모든 마음과 모든 영혼과 모든 뜻과 모든 힘을 다하여 주 너희 하나님을 사랑하여라. 두 번째로 중요한 계명은 이것이다. 네 이웃을 네 몸같이 사랑하여라. 이 계명들보다 더 중요한 계명은 없다."(마가복음 12장 29~30절, 쉬운성경)

그래서 선생님도 여러분을 사랑합니다. 사랑으로 우리가 하나님의 사람임을 보여줄 수 있으니까요. 우리는 하나님을 사랑하고 서로를 사랑하기에 천국의 열쇠를 가졌습니다.

"사랑하는 친구들이여, 우리는 서로서로 사랑해야 합니다. 왜냐하면 사랑은 하나님께로부터 오기 때문입니다. 사랑하는 사람은 하나님의 자녀가 된 것이며, 또한 하나님을 안다고 할 수 있습니다. 하나님은 사랑이시기에, 사랑할 줄 모르는 사람은 하나님을 알지 못하는 자입니다."(요한1서 4장 7~8절, 쉬운성경)

낙서일기

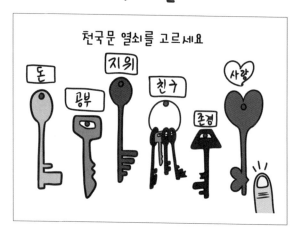

천국문 열쇠를 고르세요

돈 · 공부 · 지위 · 친구 · 존경 · 사랑

가지고 있니?
천국의 열쇠!

나도 수다!

1. 열여덟 번째 수다, '천국의 열쇠'는 복음의 고갱이인 '사랑'에 대해 이야기하고 있습니다. 나는 하나님의 사람으로 어떻게 사랑하며 살아가고 있나요? 이야기 나눠봅시다.

----

2. 『사람은 무엇으로 사는가』는 톨스토이 단편집에 나오는 아주 짧은 이야기입니다. 그의 단편들은 그가 남긴 장편 소설에 비해 쉽고 재미있으며 우화 같은 삶의 지혜가 담겨져 있다고 평가받습니다. 성경적 삶의 원리가 가득하기도 하지요. 단편집을 읽고 가장 인상적인 작품을 골라 이야기 나눠보세요.

----

3. 『사람은 무엇으로 사는가』의 주인공 시몬은 '긍휼함'으로 가득 찬 인물입니다. 그가 보여준 '긍휼'은 미카엘을 구하는 큰 역할을 합니다. '긍휼'의 사전적 의미를 찾아보세요. 그리고 나는 '긍휼'을 실천하는 사람인지 말해보세요

----

4. 『사람은 무엇으로 사는가』에는 두 쌍둥이의 엄마가 나옵니다. 그녀는 아이들이 자신의 친자녀가 아닌데도 한없이 사랑하며 아이들을 키웁니다. '입양'이라는 제도에 대해 어떻게 생각하나요? 입양으로 만든 가정이 아름답게 하나 되어 가려면 어떤 노력이 필요할까요? 생각해봅시다.

신을 믿는 것

아무런 열정도
마음의 갈등도
불확실한 것도, 의심도
심지어는 좌절도 없이 신을 믿는 사람은 신을
믿는 것이 아니다.
그는 다만
신에 관한 생각을 믿고 있을 뿐이다.

- 미구엘 드 우나무노

7장 # 태초의 아담으로 살아가기

"이 모든 것이 아무런 기술적인 장비도 갖추지 못한
오직 한 사람의 영혼과 손에서 나온 것이라 생각하니,
인간이란 파괴가 아닌 다른 분야에서는 하느님처럼 유능할 수
있다는 생각이 들었다."

　　　－『나무를 심은 사람』중에서

어느 나라의 이야기건 세상이 처음 생길 때의 신화는 모두 공통점이 있습니다. 혼돈과 무질서를 정리하고 반듯하고 아름다운 세상을 만들어낸다는 것이지요. 우리나라의 '대별왕 소별왕' 신화도, 이집트의 태양신 '라'의 이야기도, 중국의 '반고' 신화도 어둡고 황폐하게 던져져 있던 어떤 공간을 절대적인 존재가 등장하여, 규칙이 있고 정리된 세상으로 만들어냅니다.

성경의 창조 이야기 역시 마찬가지입니다. 혼돈되고 흑암으로 쌓여있던 땅이 '빛이 있으라'로 시작하신 하나님의 창조로 질서를 찾아가기 시작하지요. 그러니까 창조의 원리는 하나님의 철저한 계획과 규칙에 따라 조화로운 아름다움을 만들어 냈다는 것입니다.

시계추처럼 정확한 우주의 원리, 누군가 계산을 해서 딱 맞아 떨어지게 만들어 놓은 듯한 신비롭고 완벽한 자연의 원리는 '창조'가 아니면 설명할 수 없다는 것을 보여줍니다. 그 자연 속에서 살아가는 우리, 이 조화로운 세상을 지켜나가려면 우리는 어떻게 해야 할까요? 태초의 아담이 되어 그 의무를 다해야 하지 않을까 생각해봅니다.

19

즐기자! 느끼자! 우리의 자연!

『마음을 흔드는 세계 명시 100선』
장석주 엮음 | 북오션

　　선생님이 정말 좋아하는 시가 있습니다. 장석
주 시인의 '대추 한 알'이라는 시인데요, 간결한 시어에 자연과 인
생에 대한 통찰을 동시에 담아 읽는 이의 가슴을 울리는 시입니다.

　"저게 저절로 붉어질 리는 없다.
　저 안에 태풍 몇 개

저 안에 천둥 몇 개
저 안에 벼락 몇 개

저게 저 혼자 둥글어질 리는 없다.
저 안에 무서리 내리는 몇 밤
저 안에 땡볕 두어 달
저 안에 초승달 몇 날"('대추 한 알' 전문)

장석주 시인은 대추 한 알이 붉어지고 둥글어지는 데에 태풍과 천
둥과 벼락의 시절, 무서리와 땡볕과 초승달의 몇 날이 오롯이 담겨
있을 것이라고 이야기합니다. 빨갛게 익은 대추를 보며 시인은 대추
가 견뎌냈을 시간과 어려움을 떠올렸겠지요. 그리고 더불어 우리 인
생의 영글어짐도 몰아치는 태풍과 번개, 무서리와 땡볕을 견뎌냄으
로 이루어진다고 말하고 싶었을 것입니다.

이렇게 자연은 우리의 삶을 돌아보게 합니다. 우리는 자연 속에서
삶을 곱씹어 보며 또 다른 삶을 만들어갑니다. 또한 자연은 삶에 위
로를 주고, 자연과 더불어 즐길 수도 있게 해줍니다. 그래서 일상에
지친 많은 사람이 자연을 찾아 떠나곤 합니다. 예술가들은 자연으로
부터 영감을 얻습니다. 시를 쓰고, 소설작품을 만들어내는 문학가들

은 자연 속에서 문학적 감성을 키웁니다.

장석주 시인이 엮어놓은 시집 『마음을 흔드는 세계 명시 100선』
에는 사랑을 노래하는 시도 있고, 인생을 이야기하는 시도 있습니
다. 하지만 시들 대부분이 심상의 중심에 두고 있는 것은 바로 '자
연'입니다. 자연은 흙으로 빚어진 인간의 출발점이기도 하고, 흙으
로 돌아갈 인간의 종착점이기도 하니까요. 하나님은 태초에 사람을
만드시고 복을 주시며 말씀하셨습니다.

"자녀를 많이 낳고 번성하여 땅을 채워라. 땅을 정복하여라.
바다의 물고기와 하늘의 새와 땅 위의 움직이는 모든 생물을
다스려라."(창세기 1장 28절, 쉬운성경)

우리는 하나님께서 우리에게 주신 자연을 누릴 권리가 있으며, 자
연을 다스리는 선한 청지기가 되어야 할 의무도 있는 것입니다. 그
렇다면 아름다운 시들과 함께 자연을 느껴볼까요? 영국을 대표하는
낭만파 시인, 윌리엄 워즈워드는 이렇게 노래합니다.

"하늘의 무지개를 볼 때마다
내 가슴 뛰노니,
내 어린 시절에도 그러했고

다 자란 오늘에도 매한가지,

쉰, 예순에도 그렇지 못하다면

차라리 죽음이 나으리라.

어린이는 어른의 아버지

바라보니 내 하루하루가

자연의 믿음에 매어지고자."('내 가슴은 뛰노니' 전문)

　여러분은 자연의 어떤 모습에 가슴이 뛰나요? 선생님은 고향이 부산이라 시선 끝 닿는 곳까지 펼쳐진 수평선과 하얗게 부서지는 파도를 보면 가슴이 뛴답니다. 심장이 뻥 뚫리는 것 같기도 하고요. 자연의 아름다움은 날마다 하나님의 창조 솜씨를 뽐내고 있습니다. 그래서 우리는 그 안에서 아름다움과 평안함을 느낄 수 있지요. 주렁주렁 탐스러운 열매가 열린 과수원의 달콤한 향기는 어떤가요? 푸르른 산에서 초록 잎들이 내뿜는 맑은 숲의 내음은요? 가을이면 갖가지 색깔로 물드는 나무들, 눈 덮힌 하얀 세상...... 이 모든 것들은 우리의 오감을 자극하고 마음마저 물들여줍니다. 자연은 우리를 엄마 품 같은 평안함으로 이끌기도, 대자연의 위용 앞에 가슴을 뛰게 만들기도 하지요. 윌리엄 버틀러 예이츠의 '이니스프리 호도[1]'라는 시도 한 번 볼까요?

---

1) 호수 안에 있는 작은 섬

"나 이제 일어나 가리, 이니스프리로 가리.

거기 외[2] 엮어 진흙 바른 오막집 짓고

아홉 이랑 콩을 심고, 꿀벌통 하나 두고,

벌들 잉잉대는 숲 속에 홀로 살으리."('이니스프리 호도' 일부)

숲속 호숫가로 캠핑이라도 떠나야 할 것 같아지는 시입니다. 여행을 가거나 등산을 가거나 캠핑을 가서 자연과 벗하며 우리가 느끼는 감정은 복잡한 도시를 떠나 '무념무상' 할 수 있는 '여유'입니다. 그리고 자연은 언제든 어김없이 계절의 변화를 보여주는 '한결같음' 과 무엇이든 넉넉히 허락하는 '풍요로움'을 보여주지요.

"주여, 때가 왔습니다. 여름은 참으로 위대했습니다.

당신의 그림자를 태양 시계 위에 던져 주시고

들판에 바람을 풀어놓아 주소서.

마지막 열매들이 탐스럽게 무르익도록 명해주시고

그들에게 이틀만 더 남국의 나날을 베풀어 주소서."

('가을날' 일부, 라이너 마리아 릴케)

자연은 무엇이든 시인을 노래하게 합니다. 시인의 노래는 우리의 마음을 자연과 함께 춤추게 하지요. 솔솔 불어오는 바다의 미풍,

---

2) 흙벽을 바르기 위해 벽 속에 엮은 나뭇가지

지평선, 산비둘기, 언덕, 태양, 자작나무, 눈, 밤, 염소, 기러기, 참나무, 심지어 뱀까지도요!(모두 이 시집에 나오는 소재들이랍니다)

성경은 하나님도 손수 만드신 자연을 보시고 매우 좋아하셨다고 합니다. 하나님의 성품을 닮은 우리도 자연을 좋아하고 사랑하는 것이 우리의 본성이겠지요. 그래서 우리는 자연을 외면하지 않고 자연과 관계 맺으며 살아갈 때 행복을 느낄 수 있는 것이랍니다. 자연은 곧 우리이며 우리도 곧 자연입니다.

참나무
알프레드 테니슨

젊거나 늙거나
저기 저 참나무같이
네 삶을 살아라.
봄에는 싱싱한
황금빛으로 빛나며
여름에는 무성하고
그리고, 그리고 나서
가을이 오면 다시
더욱 더 맑은

황금빛이 되고
마침내 잎사귀
모두 떨어지면
보라. 줄기와 가지가
나목 되어 선
저 발가벗은 힘을

우리가 즐기는 자연, 우리가 누리는 자연, 아름다운 자연을 지켜가야 하는 것도 '하나님의 사람'의 일입니다. 무책임하고 이기적인 독재자가 되어 자연을 망가뜨린다면 결국 우리 자신도 망가지고 말겠지요. 자연을 지켜가는 일, 우리가 이 땅, 이 지구별에서 행복하게 살아갈 수 있는 아주 소중한 비결입니다.

낙서일기

개미야, 지켜줄게.

너도 아름다워!

1. 열아홉 번째 수다, '즐기자! 느끼자! 우리의 자연!'은 자연과 함께 하는 인간의 삶에 대해 함께 생각하려는 수다입니다. 내가 오롯이 사랑하는 자연은 무엇인가요? 떠올려봅시다.

----

2. 『마음을 흔드는 세계 명시 100선』을 읽어보세요. 그리고 자연의 아름다움을 나도 한편의 시로 표현해보세요.

----

3. 내가 어떤 일을 이루어내는 사회적 성취가 주는 즐거움과 자연을 누리는데서 오는 즐거움은 어떤 차이가 있을까요? 우리가 자연과 함께 누리는 즐거움에 대해 생각해보세요.

----

4. 자연은 하나님의 실존하심을 날마다 노래하고 있습니다. 나는 자연의 어떤 모습을 보며 하나님을 느낄 수 있나요? 생각해봅시다.

20
이제 그만, 가만히 둡시다

『늑대가 돌아왔다』
진 크레이그헤드 조지 글, 웬델 마이너 그림 | 다산기획

        문명의 발달은 인간을 편리하고 안전하게 해주
었습니다. 튼튼한 건축물들이 자연재해로부터 인간을 보호해주었
고, 인간을 위협하는 강인한 동물들은 발달한 무기로 제압할 수 있
게 되었습니다. 인간은 그야말로 자연계를 지배하며 먹이 사슬의 최
고 윗자리를 차지할 수 있게 된 것입니다. 급기야 인간은 자연계를
온전히 지배할 수 있고, 지배해도 된다는 교만에 빠지고 말았습니

다. 먹이 사슬에 의해 '선순환'되어야 하는 동물계에 개입하고, 계절의 변화에 따라 들고 나야하는 식물계에 치명타를 입히기도 합니다. '개발'이라는 이름으로 인간은 자연계에 몹쓸 짓을 저지르고 있는 것입니다.

인간의 유익을 우선으로 하는 개발들 때문에 자연은 몸살을 앓습니다. '4대강 개발'로 맑았던 강들은 '녹조'로 뒤덮이고, 생태계를 파괴하는 외래종인 '큰빗이끼벌레'와 같은 생물들이 들끓고 있다고 합니다. '골프장 개발'로 들과 숲의 나무들이 사라지고 있습니다. 좀 멀리 다른 나라도 엿볼까요? 알래스카는 유전개발로 파괴되어 가고 있다고 합니다. 인간은 마치 자연을 지배하는 광폭한 독재자 같습니다.

『늑대가 돌아왔다』는 그림책입니다. 유치원 친구들도 볼 수 있는 아주 쉬운 그림책이지만 자연의 회복에 대해 경종을 울리고 있기에 우리에게도 감동을 줍니다.

새끼 늑대가 귀를 쫑긋 세우더니 굴에서 후다닥 나와 아빠를 따라 언덕을 내려갔습니다. 둘은 무성한 풀밭을 지난 옐로스톤 국립공원 안의 라마 강둑으로 타박타박 걸어갔습니다. 곧 늑대 무리가 거꾸러뜨린 엘크의 시체가 있는 곳에 이르렀습니다.

늑대가 돌아왔습니다!

1926년 무렵 미국의 49주에 있던 늑대들이 죄다 사라지는 사건이 일어났습니다. 국립공원 관리자들이 아름다운 자연에 순한 동물들만 살려두기로 결정한 것이지요. 산림감시원들과 사냥꾼들, 목장주인들은 늑대가 보이는 대로 모조리 쏘아 죽였습니다. 늑대가 사라진 곳에 남은 사슴과 엘크와 영양,...... 넓디넓은 초원위에 이런 초식동물들이 조용히 무리지어 돌아다니는 모습은 마치 자연에 절대 평화가 찾아온 것처럼 보였습니다.

하지만 천적이 없어진 들소들은 들판에서 풀밭을 지키려고 어린 나무들을 부러뜨리고 짓밟아 버렸습니다. 숲이 생길 수 없었습니다. 천적이 없으니 숨기 위한 나무도 필요 없었을 테니까요. 숲이 없어지니 새들이 살 수 없었습니다. 귓전을 울리던 새들의 지저귐은 사라졌습니다. 새들만 없어졌을까요? 숲을 집 삼아 사는 많은 동물이 사라져갔습니다.

사람들은 그제야 늑대의 울음소리를 그리워했습니다. 급기야 1995년, 어른 늑대 열 마리를 캐나다에서 들여와 옐로스톤 국립공원에 풀어놓았다고 합니다. 늑대가 돌아온 것입니다. 늑대가 돌아오자 겁에 질린 엘크들은 산속으로 들어갔습니다. 풀이 자라기 무섭게 먹어치우던 초식 동물들이 사라지자 초원의 풀은 큰 키로 자랄 수 있게 되었고 숲도 돌아오기 시작했습니다. 미루나무가 자라자 비버가 돌아옵니다. 비버가 갉아먹어 쓰러진 통나무는 물길을 막습니다. 물길이 막히자 못이 생기고, 못에 물새들과 물고기, 개구리가 모여들었습니다. 늑대가 코요테들을 잡아먹기 시작하자 다시 얼룩다람쥐가 늘어났습니다. 얼룩다람쥐가 불어나니 오소리도 얼룩다람쥐를 잡아먹으러 나타났습니다. 이렇게 자연은 천천히 스스로 회복되어 갔습니다. 인간이 망가뜨려 놓은 자연이 스스로 회복을 시작한 것입니다.

> 골짜기에는 온갖 꽃들이 가득 피었습니다. 꽃의 꿀을 먹고 사는 벌과 나비가 돌아왔습니다. 솔새들이 지저귀었습니다. 골짜기에는 휘파람새의 노래가 명랑하게 울려 퍼졌습니다. 만화경 속의 조각들처럼 야생의 망가진 부분들이 제 자리를 잡아가고 있었어요.
>
> 늑대가 돌아왔습니다!

우리가 알고 있는 것과 같이 자연은 하나님의 창조물입니다. S전자에서 만든 휴대폰 성능은 믿으면서, H자동차 회사에서 만든 자동차의 안전성은 믿으면서 하나님이 만드신 '자연'의 완벽함을 믿지 못한다면 얼마나 어리석은 일일까요? 하나님은 전지전능하신데 말입니다.

> "세상이 창조된 이래로 하나님의 보이지 않는 성품인 그분의 영원한 능력과 신성은 그가 만드신 만물을 보고서 분명히 알 수 있게 되었습니다. 그러므로 사람들은 핑계를 댈 수 없습니다. (로마서 1장 20절, 쉬운성경)

태양계가 한 치의 오차도 없이 공전과 자전을 이어가는 이 경이로움을 어떻게 설명할까요? 계절의 변화에 따라 울긋불긋 변하는 나무는요? 작은 우주라 불리는 인간의 신체는 어떤가요? 의식하지 않아도 호흡할 수 있기에 사람들은 생명을 이어갑니다. 밥을 먹으면 나의 의지와 관계없이 위장이 소화 운동을 하고, 눈을 뜨고 있는 동안도, 감고 있는 동안도 우리의 뇌는 끊임없이 생각하고 판단합니다. 동물들도 식물들도 스스로 호흡하며 누가 가르치지 않아도 살아남으려는 생존본능을 가지고 있습니다. 이토록 정교한 세상을 만드신 분은 바로 하나님이십니다. 그래서 자연은 하나님을 증명해 보이며 가만히 두어도 하나님의 섭리에 따라 자신의 길을 찾아갈 수 있는 것입니다. 아니, 가만히 두어야 원래의 힘을 발휘할 수 있는 것입니다.

잘 달리는 기차에 다른 어떤 것이 끼어들면 기차는 탈선하고 말

것입니다. 잘 달리는 자연에 사람이 끼어들면 자연도 탈선하게 되는 것입니다. 사람들은 아름다운 자연을 가만히 두고 즐기지 못합니다. 돈벌이하기 위해 '휴양림'이라는 이름으로 초록 숲 한가운데 호텔과 음식점, 놀이시설 등을 지어 관광객을 유치합니다. 강둑을 높이고 자전거도로를 만들고 편의시설을 들여놓아 올레길, 둘레길 이름 붙이며 자연 깊숙한 곳까지 많은 사람을 드나들게 합니다. 해변가에는 횟집과 매운탕 집들이 줄지어 늘어서 있지요. 음식점에서 나오는 폐수들은 바다를 더럽힙니다. 방조제를 짓느라 갯벌들은 사라지고 맙니다.

그러면 우리는 자연을 위해 인간의 삶을 즐겁게 하기 위한 개발은 아예 하지 말아야 할까요? 이 문제는 우리가 모두 고민해야 할 딜레마입니다. 문명사회에서 살아가는 우리가 '개발'을 완전히 외면할 순 없지만 무분별한 개발이 아닌지, 생태계에 악영향을 미치는 것은 아닌지 꼼꼼히 따져보아야겠지요. 나라에서 하는 일에 우리가 무엇을 할 수 있느냐고요? 눈과 귀를 열어놓고 무엇이 옳은지 무엇이 잘못된 것인지 판단해야 할 것입니다. 그리고 우리의 목소리를 내야겠지요. 우리는 월드컵이 되면 붉은 옷을 입고 서울시청 광장을 빼곡히 메우는 열정의 민족입니다. 국가의 대표인 대통령이 잘못하면 촛불을 들고 마음을 모으는 국민입니다. 게다가 우리는 장사꾼들로 더럽혀진 성전에서 의로운 분노를 보여주신 예수님, 가식 덩어리

사두개인과 바리새인들에게 거침없이 돌직구 독설을 내뱉으신 예수님의 삶을 배운 사람들입니다. 의로운 행동, 의로운 목소리의 주인 공이 되어야겠지요. 사회적 문제에 대해 사회 구성원 한 사람 한 사람이 올바른 목소리를 내는 것은 우리 사회를 더욱 발전시킵니다.

> "하나님께서 의로운 분이심을 여러분은 알고 있을 것입니다. 그렇다면 옳은 일을 하는 사람만이 하나님의 자녀가 될 수 있다는 사실을 기억하십시오."(요한1서 2장 29절, 쉬운성경)

　자연에 관심을 두는 것은 사회적 문제에 관심을 두는 것보다 더 중요한 일입니다. 우리의 생명과 직결된 문제가 될 수 있으니까요. 전 세계는 환경문제로 골머리를 앓고 있습니다. 황사와 중금속으로 오염된 미세먼지가 편안한 숨을 위협합니다. 사막화로 아프리카 초원이 점점 메말라가고 있다고 합니다. 지구 온난화는 북극의 얼음을 녹게 해 태평양의 작은 섬들이 바다에 잠기고 있다고 하지요. 지구의 허파라 불리는 아마존 밀림이 개발로 파괴되고 있답니다.

　우리나라도 문제가 일어나기는 마찬가지입니다. 산에 살던 멧돼지들이 살 곳도 먹을 것도 없어져 마을로 내려와 사람들을 공격하는 일이 생기고, 바다에는 적조, 강에는 녹조가 난리들입니다. 작은 나라에 골프가 대중화되면서 얼마나 많은 골프장이 생겼는지 산과 들은 수없이 깎여 나갔습니다. 곳곳에서 이런저런 환경 문제들이 불거져 나오고 있습니다. 모두 인간을 위한다는 명목으로 이루어진 '개발'들 때문입니다. 이제 그만, 자연이 스스로 자기의 일을 할 수 있도록 가만히 두고 지켜주어야겠습니다.

해가 뜨고 달이 뜨고

꽃이 피고 새가 날고

잎이 피고 눈이 오고 바람 불고

살구가 노랗게 익어 가만히 두면

저절로 땅에 떨어져서 흙에 묻혀 썩고

그 살구나무가 해와 바람과 물과 세상의 도움으로 자라서

또 살구가 열린단다

가만히 생각해보면 얼마나 신기하니?

또 작은 새들이 마른 풀잎을 물어다가 가랑잎 뒤에

작고 예쁜 집을 짓고 알을 낳아 놓았지

가만히 생각해 보면 그것 또한 얼마나 기쁜 일이니

다 지구의 일이야

그런 것들 다 지구의 일이고 지구의 일이 우리들의 일이야

어떤 일이 있어도 사람이 지구의 일을 방해하면 안 돼

('지구의 일' 전문, 김용택)

낙서일기

우리가 손대서 망쳐놓은 것들.........
부끄럽다.

나도 수다!

1. 스무 번째 수다, '이제 그만, 가만히 둡시다'는 자연의 순환에
어처구니없이 끼어드는 인간의 어리석음과 무분별하고 무지막
지한 개발에 열중하는 행동에 경각심을 갖자는 수다입니다. 우
리 주위에 잘못된 개발은 어떤 것이 있을까요? 떠올려봅시다.

----

2. 『늑대가 돌아왔다』는 자연의 일에 인간이 개입하여 문제를 일
으키는 것에 경고를 주는 이야기입니다. 인간이 자연의 일에
개입하는 것은 어떤 것들이 있을까요? 생각해봅시다.

----

3. 영화《설국열차》는 인류의 자연 개입을 모티브로 시작되는 영화입니다. 지구온난화 문제를 해결하기 위해 인류는 CW-7이라는 기후 조절물질을 살포했으나, 부작용으로 지구에 새로운 빙하기가 찾아온 것입니다. 과학의 발달로 인간은 많은 일을 할 수 있게 되었지만 여전히 자연에 개입하는 일은 결과를 알 수 없는 위험한 일입니다. 그렇다면 '자연재해'를 극복하는 우리의 자세는 어떠해야 하는 것일까요? 생각해봅시다.

----

4. 우리가 함께 하는 자연은 단지 풀과 나무와 꽃들만 있는 것이 아닙니다. 우리 곁에 함께 하는 반려동물도 사실상 자연의 일부라 할 수 있습니다. 나는 혹 반려동물을 소유물처럼 생각하고 있진 않은가요? 반려동물을 키운다면 그 동물을 자연의 이치에 맞게 키우는 방법은 무엇인지 생각해봅시다.

21

한 걸음씩, 자연과 함께

『나무를 심은 사람』
장지오노 | 두레

그린피스(GREEN PEACE), 녹색 연합, 그린 패밀리(GREEN FAMILY)....

대체로 초록색으로 시작하는 이름을 가지고 있는 이런 단체들이 하는 일은 무엇일까요? 이미 친구들이 다 알고 있거나 짐작하고 있는 것처럼 이 단체들이 하는 일은 '환경'을 지키는 일입니다. 인류는 우리가 살고 있는 이 지구의 환경을 지켜내지 못하면 살아남을 수 없습니다. 그래서 어렵지만 꼭 해야 하는 일, 환경을 지켜내는 일에 모두가 관심을 쏟고 있지요.

우주 저 멀리 날아가 지구를 바라보면 '초록색'으로 보인다고 합니다. 그래서 지구를 초록별이라고 부릅니다. 쓰레기로 몸살을 앓는 초록별, 탁한 공기로 오존층에 구멍이 뚫려버린 초록별, 그래서 지구온난화가 진행되고, 북극의 얼음은 녹아내리고, 해수면은 높아지고....... 이렇게 힘들어하는 초록별을 지켜내기 위해 우리는 이제야 야단법석을 떨고 있습니다. '있을 때 잘해~'하는 유행가 가사처럼 초록별이 아파지기 전에 좀 더 잘했어야 했는데 말입니다.

UN은 세계 환경의 날을 정해 환경보전 캠페인을 세계적으로 전개합니다. 각국 대표들이 세계 환경 회의도 진행합니다. 세계자연기금을 통해 자연을 지켜나가는 노력을 함께 펼치기도 합니다. 환경문제는 이미 한 나라의 문제가 아니라 세계적인 과제가 되었음을 보여주는 것입니다. 그런데 우리는 이 초록별의 환경을 위해 무엇을 하고 있나요? 쓰레기 줄이기, 재활용하기, 나무 심기, ... 초등학교 때부터 숱하게 들어 온 수많은 실천 과제들을 얼마나 지키고 있을까요? '70억이 넘는 전 세계 사람 중에 별 중요하지도 않은 나한 사람쯤은 뭐 그런 것 지키지 않아도 되겠지? 정치인들이나 과학자들이 알아서 해주겠지.'라고 생각하고 있진 않나요? '누가 잘했다고 상을 주는 것도 아닌데 힘들게 이런 실천을 해야 해?'라고 생각하진 않았나요?

사실 우리 대부분은 자연을 지켜야 한다는 교과서적 생각을 그저 지식으로만 알고 있을 뿐 행동은 거의 아무것도 하지 않고 살아가고 있습니다. 부모님들이 시키는 재활용 분리수거 정도만 해보았겠지요. 선생님 역시 자연을 위해 무슨 일을 했냐고 묻는다면 딱히 대답할 것이 없어 할 말은 없습니다. 그래서 『나무를 심은 사람』이라는 책을 보고 몹시 부끄러웠습니다. 평범한 한 사람의 노력도 세상을 바꿀 힘이 있다는 것을 알게 되었으니까요.

이야기 속 화자는 고산 지대를 여행하던 중 헐벗고 황량한 황무지로 뒤덮인 마을을 지나게 됩니다. 그곳은 흙먼지 가득한 세찬 바람이 불고, 마실 물조차 찾을 수 없는, 생명이 사라진 곳이었습니다. 남아있는 몇 안 되는 마을 사람들은 살기 위해 서로 다투고 빼앗고 거칠게 경쟁하며 살고 있었습니다.

그런데 그 황량한 땅에서 '나'는 우연히 양치기 한 사람을 만납니다. 그의 이름은 '엘제아르 부피에'. 놀랍게도 그가 혼자 살아가는 집은 다른 마을 사람들의 집처럼 싸늘하지 않았습니다. 외딴곳에서 혼자 살고 있지만 아늑하고 정돈된 집을 갖고 있었습니다. 부피에는 날마다 도토리를 골라 땅에 심는 일을 합니다. 그의 행동을 이상하게 여기던 '나'는 그에게서 흥미로운 이야기를 듣게 됩니다. 부피에는 3년 전부터 이 적막한 땅에 도토리를 심어왔으며 이미 10만 개의 도토리를 심었고 그 10만 개 중에 2만 개가 싹이 텄고, 그 2만 개중 절반은 들쥐나 다람쥐가 갉아먹거나 우리가 알 수 없는 신의 뜻으로 잃게 될 것이지만, 만 그루의 참나무가 살아 아무것도 없던 이 땅에서 자라날 것이라고 이야기합니다. 그때 부피에의 나이는 쉰다섯! 적지 않은 나이에 자연을 되살리려는 원대한 꿈이 시작된 것입니다. 부피에는 척박한 땅을 되살리기 위해 너도밤나무 재배법도 공부하고 묘목도 가꾸며 살고 있었습니다. 아무도 알아주지 않고, 아무도 도와주지 않지만 자연을 살리려는 그의 성실하고 끈질긴 노력이 한 걸음씩 진행되고 있었던 것입니다.

부피에는 왜 이런 일을 시작한 걸까요? 힘들기도 하고 무모해 보이기까지 한 이 일을 하려는 이유가 무엇이었을까요? 자연의 회복만이 사람을 회복시킬 수 있는 길이라고 생각했을 것입니다. 실제로 나무는 지구를 살리고 사람을 살립니다. 나무가 이산화탄소를 빨아들이고 산소를 내어주는 일은 지구 온난화를 늦추는 데 도움이 된다고 합니다. 공기를 맑게 하고 홍수나 산사태를 막아주고, 피톤치드로 인간의 육체와 정신에 안정을 주기도 하지요.

결론적으로 이야기의 주인공 부피에는 두 번의 세계대전이 지나가는 동안에도 여전히 나무를 심고 숲을 지킵니다. 부피에가 87세가 되던 해, '나'는 그를 다시 만나러 갑니다. 그리고 황무지였던 마을에 맑은 물이 흐르고, 풍요로워진 땅에 온갖 채소가 가득하고, 사람들의 얼굴에 다시 희망이 넘치는 믿기지 않는 모습을 보게 됩니다. 부피에의 열정이 마을을 살린 것입니다.

사람들은 그 땅을 보며 자연이 스스로 회복된 것으로 생각했습니다. 자연의 신비에 감탄할 뿐이었지요. 물론 자연의 회복력은 놀랍습니다. 그러나 그런 자연과 함께 숲을 살려낸 것은 부피에의 부단한 노력이었습니다. 힘든 시간을 견뎌내고 기어이 숲을 만들어낸 부피에의 삶은 마을을 구했을 뿐 아니라 사람들을 살려낸 것입니다.

자연을 위한 노력은 아무리 해도 지나치지 않습니다. 우리가 망쳐놓은 자연을 살려내기 위해 한 걸음씩 자연을 위한 일을 해갈 때 우리는 자연과 행복한 동행을 할 수 있을 것입니다. 실제로는 가능한 일이 아니고 소설 속에서만 가능한 일이라고 할지도 모르겠습니다. 환경문제는 국가가 혹은 국가와 국가의 연합으로만 해결할 문제이지 개인이 할 수 있는 일이 아니라고 말하고 싶기도 하겠지요. 하지만 현실에서도 이런 일이 일어났습니다.

'사막화'라는 단어를 알고 있지요? 가뭄과 홍수와 같은 자연재

해의 영향도 있지만 벌목이나 환경파괴와 같은 원인으로 한때 숲이었던 곳에 나무가 사라지고 사막이 되어버리는 것을 말합니다. 인도 마줄리 섬에는 야생동물이 뛰어놀던 풍성한 오아시스가 있었습니다. 그러나 사람들이 마구 나무를 베어내면서 사막화가 진행되었다고 합니다. 고향 땅이 변하는 모습을 가슴 아파하며 지켜보던 '파엥'이란 사람이 어느 날부터 그 황량해진 땅에 매일 나무 한 그루씩을 심기 시작했다고 합니다. 꾸준히, 아주 꾸준히 무려 37년 동안이나요. 소설 『나무를 심은 사람』과 같은 일이 실제로 일어난 것입니다. 그는 작은 묘목을 한그루, 한그루 갖다 심었지만 이제 그의 숲은 여의도 면적의 2배 이상이 되었다고 합니다. 다시 야생동물들이 찾아오고 맑은 물이 흐르기 시작했습니다. 파엥 덕분에 죽은 땅이 살아난 것입니다. 그는 자연에 가장 위협이 되는 것은 바로 '사람'이라고 이야기합니다. 동물들은 자연과 함께 살아가지만 사람들은 자연을 이용하려고만 드니 그의 말이 이해가 됩니다. 모든 과학자가 지구상에서 사라질 것이라고 예견 했던 땅, 마주리 섬이 한 남자의 작은 행동으로 되살아나게 되었습니다.

우리는 날마다 자연을 위한 작은 실천을 아끼지 않아야 합니다. 자연은 하나님께서 우리에게 주신 삶의 터전이기 때문입니다. 창조주 하나님은 우리에게 이 소중한 창조물을 맡기셨습니다. 날마다 하나님의 창조자 되심을 노래하는 자연, 신비롭고 조화로운 자연의 섭리로 살아계신 하나님을 선포하는 자연, 이 자연과 함께 살아가는 길을 한 걸음씩 찾아가야 할 것입니다.

> "하늘이 하나님의 영광을 선포하고 창공은 주님의 솜씨를 알립니다. 낮은 낮에게 말하고 밤은 밤에게 아는 것을 알려 줍니다. 언어가 없고 말하는 소리도 없고 들리는 소리도 없지만 그 소리들은 온 땅에 두루 퍼지고 땅 끝까지 퍼져 나갑니다. 하나님이 해를 위하여 하늘에 장막을 치셨습니다. 해는 마치 신방에서 나오는 신랑 같고, 씩씩하게 달리는 용사와도 같습니다. 해가 하늘 이 끝에서 나와 저 끝으로 돌아갑니다. 그 뜨거운 열기로부터 숨을 자가 없습니다."
>
> (시편 19편 1~6절, 쉬운성경)

날마다 하나님의 영광을 노래하는 자연을 지키는 사람, 나무를 심는 사람, 우리가 그 사람이 되어야 합니다. 천천히, 더디 가더라도 조금씩, 포기하지 말고 날마다 말입니다. 왜 그래야 하냐고요? 우리는 하나님의 사람이기 때문입니다.

낙서일기

모두 한사람이
이루어낸 일

나도 할 수 있을까 고민만 하지 말고,

한 걸음

한 걸음!

나도 수다!

1. 스물한 번째 수다, '한 걸음씩, 자연과 함께'는 자연과 함께 하는 우리의 책임감 있는 자세에 대한 이야기를 합니다. 자연을 위해 나는 어떤 실천을 할 수 있을까요? 생각해봅시다.

----

2. 『나무를 심은 사람』은 자연을 살리기 위해 자신의 삶을 불어넣은 한 사람의 열정을 잔잔히 그린 작품입니다. 저자인 장 지오노는 자신의 작품이 설교가 되기를 바라지 않고 각자가 스스로 깨우치기를 바랐다고 합니다. 이 작품이 나에게 준 울림은 무엇인가요? 이야기 나눠봅시다.

----

3. 나만의 행복을 위한 삶, 타인의 행복을 위한 삶, 우리가 사는 세상을 위한 삶…. 사람들은 모두 자신의 가치관과 기준에 맞는 삶을 선택합니다. 가치 있는 삶은 어떤 삶이라고 생각하나요? 생각해봅시다.

----

4. 부피에가 되살려 놓은 숲에 사람들이 돌아오기 시작하고 그곳에 살던 사람들도 달라지기 시작합니다. 시기와 질투 싸움이 난무하던 마을은 평화롭고 살기 좋은 마을이 됩니다. 자연이 회복되자 사람들이 달라진 이유는 무엇일까요? 어떤 인과관계가 있는 것일까요?

어부의 기도

주님,저로 하여금 죽는 날까지
물고기를 잡을 수 있게 하시고,
마지막 날이 찾아와
당신이 던진 그물에 내가 걸렸을 때
바라옵건대 쓸모없는 물고기라 여겨
내던져짐을 당하지 않게 하소서.

- 작자 미상

8장

나는야 예수쟁이, 세상과 정면승부

"이때쯤 나는 도덕적으로 완벽해지고자 하는 무모하고도 어려운 계획을 마음에 품고 있었다. 그른 것을 피하고 옳은 것만 행하는 것이 쉽게만 보였다. 그러나 곧 이것이 내가 상상했던 것보다 훨씬 어려운 일이라는 것을 알게 되었다. 늘 정확하고 일관성 있는 행동을 하려면 반대되는 습관을 깨부수고 좋은 습관을 익혀야한다."

– 『프랭클린 자서전』 중에서

'예수쟁이'라는 말이 있습니다. 사실 이 말은 믿지 않는 사람들이 세상과 동떨어져 좀 다른 삶을 추구하는 기독교인들을 이상하게 생각하며 비아냥거리고 조롱하기 위해 만든 말이라고 합니다. 개구쟁이, 말썽쟁이, 겁쟁이 등과 같이 '쟁이'라는 단어는 사람의 특징을 나타내는 말이지만 주로 부정적인 말로 쓰이고 있으니까요. 하지만 '쟁이'는 그 사람이 가진 그 특징만큼은 아주 최고라는 말이기도 합니다. '멋쟁이'라는 말도 있으니까요. 그러니까 예수쟁이는 예수님을 아는 데는 최고인 사람이란 것입니다. 그러니까 우리는 '예수쟁이'란 말에 주눅 들지도 말고 화를 내지도 말아야 합니다.

그렇다면 선한 '예수쟁이'답게 살아야 할 텐데요. 어떻게 사는 것이 하나님의 사람답게 사는 것일까요? 쉽진 않겠지만 그렇게 살아간다면 우리는 '천국의 열쇠'도 '생명의 면류관'도 모두 거머쥐는 최후의 승리자가 될 수 있지 않을까요? 음....... 아직 어떻게 해야 할지 잘 모르겠으니 먼저 걸어간 진짜 '예수쟁이'들의 발걸음을 따라가 봅시다.

22
구별된 자로 살아가기

『비에도 지지 않고』
미야자와 겐지 | 그림책공작소

       승려의 아들로 태어났지만 소학교 교사를 지내
면서 크리스천이 된 사람이 있었습니다. 그가 살았던 1800년대 일
본에서는 기독교가 '야소교'로 불리며 야소교를 믿는 사람들은 동네
사람들의 미움과 질타를 받기 일쑤였습니다. 그도 크리스천이라는
이유만으로 돌에 맞기도 하고 부모님과 의절하게도 되었지요. 교사

도 그만둬야 하는 고난까지 받았습니다. 그의 큰딸은 예수쟁이의 딸이라는 이유로 사람들에게 폭력을 당하고 복막염이 생겨 끝내 죽기까지 했다고 합니다. 사람들은 동네에 불이 났을 때도 그와 전혀 관련이 없음에도 불구하고 그의 가족들에게 물을 뿌리고 집을 부시기도 했지요. 그는 1887년 도호쿠 이와테현 하나마키에서 태어난 '사이토'라는 사람입니다.

사이토는 이렇게 끔찍한 박해를 받으면서도 흔들리지 않았습니다. 동네에 아픈 사람이 있으면 병문안을 가서 위로와 기도를 전해 주었습니다. 비가 오나 눈이 오나 마을 사람들을 돕고 '얼간이' 소리를 들으면서도 기도하며 날마다 그리스도의 사랑을 실천했다고 합니다. 그러다 1926년 그는 하나마키를 떠나 도쿄로 이사하게 됩니다. 그가 떠나는 날 놀랍게도 하나마키 역에는 촌장을 비롯한 지역의 중요 인사, 교사, 승려, 걸인까지 수많은 인파가 몰려 배웅을 했다고 합니다. 이날 그 자리에 있었던 한 사람이 있었는데 우리가 잘 아는 작가 '미야자와 겐지'였습니다.

미야자와 겐지는 우리가 잘 아는 만화『은하철도 999』의 원작이 되는『은하철도의 밤』이라는 작품으로 알려져 있습니다. 애니메이션으로 만들어져 많은 사람들에게 더 사랑받았지요. 미야자와 겐지는 33살의 젊은 나이에 병으로 세상을 떠났습니다. 그러나 그의 삶은 '사이토'의 삶과 닮아 있었지요. 그의 아버지는 전당포를 하며 돈을 잘 벌었지만 그는 가난한 사람을 이용해 돈을 버는 아버지의 일을 물려받기 원치 않았습니다. 시골로 내려가 농업학교 교사로 살아가며 농민들을 돕고 사이토와 같은 삶을 살았습니다. 부잣집 도련님이 뭘 아느냐고 농민들이 냉대하며 무시해도 진심으로 농민들을 돕고 농사법도 개발하며 살았다고 합니다. 짧은 삶 동안 그는 진심으로 농민들을 위했으며 글을 쓰기 시작한 이유도 농민들에게 즐거움을 주기 위해서였다고 합니다. 그렇게 남겨진 이야기들이 오늘날의 미야자와 겐지를 만든 것입니다. 그의 글들은 대부분 사후에 유작으로 우리에게 전해졌습니다. 살아생전 사람들에게 행복을 주는 책을 쓰겠다고 자비로 동화집과 시집을 냈지만 정작 팔린 건 5권 밖에 없었다는 일화가 있습니다.

미야자와 겐지가 남긴 유작 중 '비에도 지지 않고'라는 시가 있습니다. 그의 삶의 멘토와 같은 존재가 된 '사이토'와 자기 삶의 정신이 고스란히 담긴 이 시는 시라기보다 간절한 소원문 같이 보이기도 합니다. 그림책 『비에도 지지 않고』는 시의 전문을 아름다운 그림과 함께 담은 시화 작품 같은 그림책입니다. 그림책을 보며 시를 감상하면 그를 이해하기 더 좋겠습니다.

"비에도 지지 않고, 바람에도 지지 않고

눈에도 여름 더위에도 지지 않는

튼튼한 몸으로 욕심은 없이

결코 화내지 않으며 늘 조용히 웃고

하루에 현미 네 홉과 된장과 채소를 조금 먹고

모든 일에 자기 잇속을 따지지 않고

잘 보고 듣고 알고 그래서 잊지 않고

들판 소나무 숲 그늘 아래 작은 초가집에 살고

동쪽에 아픈 아이 있으면 가서 돌보아 주고

서쪽에 지친 어머니 있으면 가서 볏단을 지어 날라 주고

남쪽에 죽어가는 사람이 있으면 가서 두려워하지 말라 말하고

북쪽에 싸움이나 소송이 있으면 별거 아니니까 그만 두라 말하고

가뭄 들면 눈물 흘리고, 냉해든 여름이면 허둥대며 걷고

모두에게 멍청이라고 불리는, 칭찬도 받지 않고 미움도 받지 않는 그

러한 사람이 나는 되고 싶다."

왜? 라고 묻고 싶어집니다. 나만을 위한 삶을 살기에도 바쁜데 왜 타인을 위한 삶을 살아야 하는지 답답해지려 할 것입니다. 예수님은 이런 생각을 하는 우리에게 마지막 심판 날의 비유를 통해 답을 해주십니다. 심판 날에는 목자가 양과 염소를 구분하듯이 예수님께서 사람들을 나누실 것이라고 이야기하지요. 오른편에는 양과 같은

의인들을 세우십니다. 그리고 의인들에게 내가 배고플 때 먹을 것을 주고, 목마를 때 마실 것을 주고, 헐벗었을 때 옷을 주었다고 칭찬을 하시지요. 의인들은 이야기합니다. 언제 우리가 그랬느냐구요. 그러자 예수님은 다시 대답해주십니다.

"내가 너희에게 진정으로 말한다. 보잘 것 없는 사람에게 한 일, 곧 너희가 이 형제들 중 가장 보잘 것 없는 사람에게 한 일이 곧 나에게 한 것이다."(마태복음 25장 40절, 쉬운성경)

예수님은 우리의 사랑의 실천이 가난한 사람과 외로운 사람을 향해야 한다고 말씀하십니다. 사이토처럼 미야자와 겐지처럼 말입니다. 이런 삶을 실천한 사람들은 의외로 많습니다. 마더 테레사가 그랬고요. 슈바이처가 그랬지요. 우리가 이미 이야기한 이태석 신부님이나 장기려박사님 같은 분도 계시고요. 한 분 더 보석 같은 분을 찾아왔습니다. 바로 다일 공동체를 설립한 최일도 목사님이십니다.

그는 독일 유학을 준비하던 어느 날 청량리 어느 거리를 걷다 굶주려 쓰러진 할아버지를 한 분 만납니다. 그분에게 라면을 끓여드린 일을 계기로 유학을 포기하고 도시의 빌딩 숲 뒤, 어두운 그늘에서 살아가는 노숙자, 가난한 쪽방촌 사람들에게 눈을 돌리게 됩니다. 그래서 그분들에게 무료로 밥을 제공하는 '밥퍼'봉사를 시작하게 되지요. 1988부터 시작된 이 봉사는 지금까지 꾸준히 이어지고 있으며 주일을 빼고 하루도 배식을 거르지 않고 제공되고 있습니다. 기부와 봉사의 아이콘으로 불리는 '션과 정혜영' 부부는 결혼기념일마다 이곳에서 봉사와 기부를 하는 것으로도 알려져 있습니다. 다일공동체의 활약은 많은 사람들에게 알려져 돕는 손길들이 점점 많아졌고, 1990년 3월에는 무료급식을 라면에서 밥으로 전환하였으며, 갈릴리 의료선교회, CMF(대학기독의과대학생 모임)의 도움을 받아 노인 환자 무료진료를 시작하게 됩니다. 오랜 준비 끝에 2002년에는 어려운 이웃들에게 무료 진료를 하는 다일천사병원을 준공했으며 이제는 해외로 눈을 돌려 미국, 필리핀, 베트남, 네팔, 캄보디아, 중국 등에서 다일공동체를 설립하여 '밥퍼' 운동을 벌이고 있다고 합니다.

'사촌이 논을 사면 배가 아프다' 라는 우리 속담이 있지요. 내가 아는 누군가가 나보다 잘 살고 승승장구하면 심통이 난다는 말입니다. 그런데 다일공동체의 승승장구는 배가 아프지 않습니다. 나를 위한 일을 하는 곳이 아니라 모두를 위한 일을 하고 있으니까요. 약한 자를 위한, 지극히 작은 자를 위한 실천을 하는 곳이니까요.

우리의 삶의 방식은 하나님을 알지 못하는 사람들과 달라야겠습니다. 우리의 선택도 마찬가지입니다. 우리는 하나님의 사람으로 구별된 자이기에 우리의 삶은 하나님 나라의 의를 바라보아야겠습니다. 그 일이 사이토처럼, 겐지처럼 고난을 감수하는 일이거나, 최일도 목사님의 다일공동체처럼 세상의 빛이 되는 일이거나 우리는 어쨌건 세상과 다른, 구별된 삶을 살아야 하는 하나님의 자녀들입니다. 다일 공동체 설립의 중심이 된 말씀을 함께 나눠 보겠습니다.

"하나님께서 받으시는 경건은 어려운 처지에 있는 고아와 과부를 돌보고 세상의 악에 물들지 않도록 자신을 잘 지키는 것입니다. 하나님께서는 이런 순수하고 깨끗한 신앙을 보십니다."(야고보서 1장 27절, 쉬운성경)

낙서일기

아름다운 감기!

1. 스물두 번째 수다, '구별된 자로 살아가기'는 하나님의 자녀로 살아가기에 대한 고민입니다. 나는 어떻게 살아가고 있는지 이 야기를 나누어 보세요.

----

2. 『비에도 지지 않고』를 읽고 느낀 점을 이야기해보세요. 나눔이 있는 삶이 아름다운 가요? 도전이 있는 삶이 아름다운가요? 이야기 나눠 보세요.

----

3. '하루에 현미 네 홉과 된장과 채소를 조금 먹고' 시의 구절에 대해 생각해봅시다. '식도락'(여러 가지 음식을 두루 맛보는 것을 즐거움으로 삼는 일)이라는 말도 있는데 먹는 것을 절제하며 사는 것은 어떤 의미가 있을까요?

----

4. '모두에게 멍청이라고 불리는, 칭찬도 받지 않고 미움도 받지 않는' 이라는 말은 조금 당황스럽기도 한 말입니다. 사람들에게 멍청이라고 불리는 것보다 존경받고 영향력있는 사람이 되는 것이 좋지 않을까요? 칭찬을 받는 것이 더 좋은 것이 아닐까요? 시인은 어떤 마음으로 이런 말을 했을까요? 생각해봅시다.

23
나의 삶, 하나님이 주신 소중한 시간

『프랭클린 자서전』
벤자민 프랭클린 | 김영사

건물 꼭대기에 세워 번개의 피해를 막는 '피뢰
침'을 만든 사람, 미국 독립선언서의 초안을 만든 사람, 펜실베니아
대학과 펜실베니아 병원을 세운 사람, 『가난한 리처드의 달력』이라
는 작품을 쓴 작가, 신생 미합중국 대사....... 이 모든 수식어는 '최
초의 미국인'이라 불리는 '벤자민 프랭클린' 단 한 사람에게 주어진

것입니다. 그는 가난 때문에 정규 교육이라고는 2년 남짓밖에 받지 못했지만 미국의 독립을 위해 많은 일을 해냈으며, 미국 지폐 100달러의 주인공이 되었으며, 현재까지 많은 미국인의 존경과 사랑을 받고 있습니다.

그가 존경받는 이유는 의외로 매우 간단합니다. 그가 세운 수많은 업적 때문이 아니라 삶을 대하는 진지한 태도 때문입니다. 성실과 노력, 굳센 의지로 자신의 삶을 '만들어 간' 인물이기 때문입니다. 자서전을 통해 바라볼 수 있는 그의 삶과 그가 남긴 많은 명언은 미국인뿐만 아니라 전 세계 사람들의 삶에 교훈과 격려가 되고 있습니다. 그는 뛰어난 사업가이기도 해 신문사와 출판사를 통해 많은 돈을 벌기도 했지만 항상 겸손했고, 검소했습니다. 그리고 무엇보다도 종교적으로 경건한 사람이었습니다. 절제되고 타협이 없는 그의 태도 때문에 지나치게 가식적이고 교만하다는 평을 하며 비난하는 사람들도 있었지만, 삶에 대한 그의 진지한 태도는 누구도 부인할 수 없었을 것입니다. 그는 20대 초반부터 자신의 삶을 그야말로 알차게 꾸려왔습니다. 절제, 침묵, 절약, 겸손 등 실천해야 할 13개의 덕목을 정하고 표를 만들고 밑줄을 그어가며 평생 매일 실천하기 위해 노력을 했다고 합니다.

『프랭클린 자서전』은 그런 그의 삶을 여과 없이 보여줍니다. "이미 200년이 더 지난 사람의 삶을 바라본다는 것이 어떤 의미가 있나요? 시대가 달라졌잖아요?"라고 묻거나 "요즘 나오는 자기계발서를 읽는 게 더 낫지 않나요?"라고 묻는 사람들도 있지만 프랭클린의 삶은 시대를 초월한 삶의 진실함이 묻어있기에 의미가 있습니다.

자서전의 내용은 총 세 부분으로 나뉘어 있습니다. 그 시작은 아버지로서 사랑하는 아들에게 보내는 편지입니다. 프랭클린은 아들에게 자신이 살아온 삶을 진솔하고 담담하게 이야기해주며 그가 얼마나 삶을 철저히 관리해왔는지를 보여줍니다.

누군가가 나에게 똑같은 삶을 다시 살 수 있는 기회가 주어지면 그렇게 하겠느냐고 물어 오면 나는 주저 없이 그럴 거라고 대답했다.

프랭클린의 이러한 말은 그의 삶이 얼마나 최선을 다한 삶이었는지를 보여줍니다. 후회 없는 삶은 최고의 삶이 아니라 최선을 다한 삶입니다. 인간의 욕심은 내가 최고라고 생각했던 그 자리에 올랐을 때도 늘 더 높은 곳을 바라보기 마련입니다. 그래서 최고는 사실상 의미가 없습니다. 프랭클린의 자신감은 그가 남긴 수많은 업적에서 나오는 것이 아니라 치열하게 고민하고 후회가 없을 만큼 열심히 살아왔던 순간에서 나온 것입니다.

자서전의 두 번째 이야기에는 그가 중요시했던 삶의 덕목 13가지가 나옵니다.

1. 절제 : 배부르도록 먹지 마라. 취하도록 마시지 마라.
2. 침묵 : 자타에 이익이 없는 말을 하지 마라. 쓸데없는 말은 하지 마라.
3. 질서 : 모든 물건은 제자리에 두라. 일은 모두 때를 정해서 하라.
4. 결단 : 해야 할 일은 과감히 결심하라. 결심한 일은 반드시 실행하라.
5. 절약 : 자타에 이익이 없는 일에는 돈을 쓰지 마라. 낭비하지 마라.
6. 근면 : 시간을 낭비하지 마라. 유익한 일에 종사하고 무용한 행위는 끊어버려라.
7. 진실 : 사람을 속여 헤치지 마라. 모든 언행은 공정하게 하라.
8. 정의 : 남에게 해를 주지 않으며 해로운 일을 해서도 안 된다.
9. 중용 : 극단을 피하라. 내게 죄가 있다고 생각하거든 남의 비난과 불법을 참으라.
10. 청결 : 신체. 의복, 주택에 불결한 흔적을 남기지 마라.
11. 침착 : 사소한 일, 보통 있는 일, 피할 수 없는 일에 침착함을 잃지 마라.
12. 순결 : 건강한 자손을 위해서만 부부생활을 하라. 감각이 둔해지고 몸이 쇠약해지고 부부의 평화가 깨지고 소문이 나빠지도록 해서는 안 된다.
13. 겸손 : 예수와 소크라테스에게서 배워라.

13가지 덕목을 가만히 살펴보면 성경에 있는 '성령의 아홉가지 열매'와 많이 닮았습니다. 철저한 기독교인으로 살아갔던 그의 삶이었기에 말씀이 녹아있었는지도 모르겠네요. 그럼 한 번 비교해 볼까요?

> "성령의 열매는 사랑과 기쁨과 평화와 오래 참음과 자비와 착함과 성실과 온유와 절제입니다. 이런 것들을 금지할 율법이 없습니다. 그리스도 예수께 속한 사람은 자기 육체를 정욕과 욕망과 함께 십자가에 못 박았습니다. 우리가 성령으로 새 생명을 얻었으므로 성령을 따라 살아야 합니다. 그리고 교만하지 말고 서로 다투거나 시기하지 말아야 합니다.
>
> (갈라디아서 5장 22~26절, 쉬운성경)

『프랭클린 자서전』속에 그가 남긴 명언들도 주옥같습니다.

- 변명을 잘하는 이는 변명 외에는 잘하는 것이 없다.
- 지식에 대한 투자는 항상 최고의 이자를 낸다.
- 성공을 원하면 남을 떠다 밀지 말고 제 힘을 측량해서 무리하지 말며, 뜻한 일을 한눈 팔지 말고 묵묵하게 해 나가야 한다. 평범하나마 이것이 성공이 튀어나오는 요술주머니다.

- 근면은 빚을 갚지만 절망은 빚을 늘린다.
- 말을 잘하는 것보다 행동을 올바르게 하는 것이 낫다.

'카르페디엠, 현재를 즐겨라.', '욜로, 한 번뿐인 인생이다. 즐겨라.' 온통 인생을 멋지게 즐기는 것을 이야기하는 요즘 같은 시대에 프랭클린이 말하는 근면, 성실, 절약, 절제와 같은 덕목들은 낡고 고루한 생각으로 비칠지도 모르겠습니다. 그러나 프랭클린이 세운 덕목들에서 우리가 배워야 할 것은 덕목 그 자체가 아니라 자신의 삶을 알뜰히 채워가는 정신입니다.

각자의 삶에 각자가 중요하게 생각하는 덕목들은 모두 다를 수 있습니다. 하지만 하나의 공통점이 있어야 하지요. 자신에게 주어진 시간을 소중히 여겨야 한다는 것입니다. 하나하나의 덕목은 소중한 시간을 지키려는 실천방안 정도로 생각하면 되겠네요. 잘 생각해 보면 카르페디엠[1]도 욜로[2]도 나의 시간을 소중히 여기는 하나의 방법이 될 수도 있습니다. '인생은 한 방, 그냥 즐겨!' 정도로 가볍게

---

1) 우리말로는 '현재를 잡아라' 정도로 번역되는 라틴어입니다. 영화 《죽은 시인의 사회》에서 키팅 선생이 학생들에게 자주 이 말을 하면서 유명해졌지요. 영화에서는 전통과 규율에 억매여 자신을 잃어가는 청소년들에게 자유를 주는 말로 사용됩니다.
2) '인생은 한 번뿐이다'를 뜻하는 You Only Live Once의 앞 글자를 딴 용어로 현재 자신의 행복을 가장 중시하여 소비하는 태도를 말합니다.

생각하지 말고 주어진 시간에 나를 위한 최선을 찾자는 것이지요.

그리고 하나 더, 무엇보다도 내가 선택한 덕목들이 향해야 할 곳은 하나님이 기뻐하시는 일이어야 한다는 것입니다. 평생 복음 전하는 일에 열정과 시간을 바친 바울은 자신의 삶을 뒤 돌아보며 성도들에게 당부합니다. 이 당부는 오늘 이 순간을 사는 여러분에게 주는 바울의 간절한 당부가 되며 축복이 됩니다.

"그대는 항상 자신을 돌아보며, 고난 받는 것을 두려워하지 마십시오. 복음을 전하는 일에 힘쓰며, 하나님의 종으로서 해야 할 일을 꿋꿋이 하십시오. 나는 이미 하나님께 내 삶을 바쳤고 이제는 이 땅을 떠날 때가 되었습니다. 나는 선한 싸움을 싸웠고, 내가 달려가야 할 길도 끝냈으며 믿음도 지켰습니다. 이제 내게는 영광의 면류관을 받는 일만 남았습니다. 그 면류관은 하나님과 함께 하며 의롭게 살았다는 표시로 주시는 상입니다. 주님이 바로 정의의 재판관이시기 때문에 마지막 그 날에 주님은 내게 면류관을 주실 것입니다. 또한 나뿐만 아니라 주님이 다시 오시기를 간절한 마음으로 기다리는 모든 사람에게도 주실 것입니다."

(디모데후서 4장 5~8절, 쉬운성경)

낙서일기

앗,
나의 삶을 좀 먹는 게 스마트폰이었어.....

1. 스물세 번째 수다, '나의 삶, 하나님이 주신 소중한 시간'은 시간 관리에 대한 고민과 삶의 자세에 대한 고민을 던져주는 것입니다. 나는 나의 시간 관리를 어떻게 하고 있나요? 스터디 플래너나 스케줄러가 있나요? 나의 시간 관리에 구멍이 없었는지 살펴봅시다.

----

2. 『프랭클린 자서전』은 하루하루를 꼼꼼히 메우듯 삶을 살아갔던 벤자민 프랭클린의 삶을 돌아보며 우리의 삶과 견주어볼 수 있는 시간을 주는 작품입니다. 프랭클린의 13가지 덕목 중 마음에 드는 것은 어떤 것이며 또 마음에 들지 않는 것은 어떤 것인가요? 마음에 들거나 들지 않는 이유와 함께 생각해보세요.

----

3. 나도 프랭클린처럼 삶을 살아가는 데 교훈이 될 만한 '명언'을 남긴다면 어떤 말을 할 수 있을까요? 나만의 명언을 만들어보세요. 내가 만든 명언은 나의 삶의 좌우명이 될 수 있답니다.

- -

- -

- -

- -

- -

- -

- -

4. 나의 삶의 실천사항이 될 나만의 13가지 덕목을 만들어보세요.

- -

- -

- -

- -

- -

- -

- -

24
의에 살고, 의에 죽다

『하늘을 우러러 한점 부끄럼 없기를』
윤동주 | 비타민북

2017년은 윤동주 시인이 태어난 지 100주년이 되
는 해였습니다. 2017년 한 해 동안 많은 사람이 윤동주의 삶을 다시
기리고 윤동주의 시집을 재조명했습니다. 그는 치욕의 일제강점기
를 살아낸 우리 민족 젊은이 중 한 사람이지만 윤봉길처럼, 안중근
처럼 독립운동의 최전선에서 생명을 내던지는 용기를 보여 준 독립

투사는 아니었습니다. 그렇다고 당대에 시인으로 이름이 널리 알려져 글을 통해 민족의 독립정신을 고취했던 것도 아니었고요. 윤동주는 그저 일제강점기에 힘없는 피지배국의 평범한 학생일 뿐이었습니다. 그런데도 오늘날 그는 민족 시인으로 불리며 많은 사람의 사랑을 받고 있습니다. 무엇 때문일까요? 그의 삶이 아름다웠다고 말할 수 있는 이유를 찾아보겠습니다. 윤동주의 대표 시 '서시'를 함께 읽어봅시다. 이 시에는 그의 삶의 태도가 고스란히 담겨 있습니다.

죽는 날까지 하늘을 우러러
한 점 부끄럼이 없기를
잎새에 이는 바람에도
나는 괴로워했다.
별을 노래하는 마음으로
모든 죽어가는 것을 사랑해야지
그리고 나한테 주어진 길을
걸어가야겠다.

오늘 밤에도 별이 바람에 스치운다.

나라를 빼앗긴 참담한 현실을 살아가던 시인 윤동주의 마음은 바로 일제강점기를 살아내야 했던 평범한 조선인들 모두의 마음이었습니다. 달려나가 일제의 만행을 과감하게 처단해버리는 투사가 되지는 못하지만 부끄러운 삶은 살고 싶지 않았을 것입니다. 어떻게 해야 시대 앞에 당당한 이 나라의 젊은이로 사는 것인지 고민하고 또 고민했겠지요. 그 괴로움에 흔들리는 나뭇잎만 보아도 자신의 연약한 모습 같아 괴로웠을 것입니다. 우리 역시 그 시대를 살아갔다면 윤동주와 같은 모습이 아닐까요? 시인은 말합니다. '별을 노래하는 마음으로 모든 죽어가는 것을 사랑해야지. 그리고 나한테 주어진 길을 걸어가야겠다.' 그의 말은 마치 죽기까지 세상을 사랑하신 그리스도의 사랑을 투영하는 것 같습니다. 시인은 죄로 인해 죽어가는 인간을 구원하기 위해 십자가의 길을 걸으신 예수그리스도의 사랑을 동경하는 듯합니다. 윤동주 역시 그리스도처럼 민족을 위한 사랑의 길을 가길 갈망하고 있네요. 그리 할 것이라고 다짐하기도 합니다. 일제강점기, 그 험한 시간을 시인은 수십 번, 수백 번, 이렇게 결심하며 살아갔을 것 같습니다.

윤동주가 태어난 북간도 명동촌은 일찍부터 신학문과 기독교를 받아들인 마을이었습니다. 헤이그 특사였던 '이상설'이 설립한 신교육기관인 '서전서숙'이 있던 곳이기도 했고요. 1910년 명동학교에 중학교 과정이 만들어지고, 이듬해 여학교가 설립되면서 명동촌은 북간도 민족교육의 거점으로 떠올랐습니다. 윤동주의 아버지 '윤영

석'은 이 명동학교에 들어가 신학문을 배우게 됩니다. 그리고 북경으로 유학을 갔다 돌아와서 명동학교의 선생님이 되지요. 윤동주가 태어날 당시 그의 집안은 살림살이가 넉넉한 기독교인 가정이었습니다. 윤동주가 끊임없이 고민하며 자신의 길을 찾아갈 수 있었던 원동력은 아마도 의에 살고, 의에 죽는 '하나님의 사람'이었기 때문이리라 생각됩니다. 쓸 돈도 넉넉하고 배움도 넉넉한 집안이라 수많은 친일파처럼 그저 세상과 타협하며 살아남는 것도 가능했을 텐데 윤동주는 그 길을 선택하지 않았습니다.

> "몸소 우리 죄를 짊어지고 십자가에 달려 돌아가심으로써 우리가 더 이상 죄를 위해 살지 않고 의를 위해 살 수 있게 하셨습니다. 그리스도께서 상처를 입으심으로써 우리가 낫게 된 것입니다."(베드로전서 2장 24절, 쉬운성경)

윤동주는 그리스도의 십자가를 생각하며 이렇게 다짐합니다.

쫓아오던 햇빛인데
지금 교회당 꼭대기
십자가에 걸리었습니다.
첨탑이 저렇게도 높은데

어떻게 올라갈 수 있을까요.

종소리도 들려오지 않는데
휘파람이나 불며 서성거리다가

괴로웠던 사나이,
행복한 예수 그리스도에게처럼
십자가가 허락된다면

모가지를 드리우고
꽃처럼 피어나는 피를
어두워가는 하늘 밑에
조용히 흘리겠습니다.

('십자가' 전문, 윤동주)

　햇빛이 걸린 십자가가 있는 저 높은 첨탑처럼 그의 이상이 추구하
는 삶을 만들어가는 일은 녹록하지 않습니다. 하지만 자신에게도 십
자가가 허락된다면 기꺼이 모가지를 드리우고 꽃처럼 피어나는 피
를 조용해 흘리겠다고 말합니다. 그리고 그는 자신의 말대로 일제에
의해 고통스럽게 생을 마감합니다. 사촌이었던 송몽규를 비롯한 교
토 유학생 몇몇과 함께 독립운동을 했다는 죄명을 받고 교토경찰서

에 잡혀 들어가지요. 이들의 죄명은 '사상불온, 독립운동, 비일본신민, 서구사상 농후' 등 어처구니없는 것들이었다고 합니다. 윤동주는 잡혀들어간 그곳에서 생체실험으로 여겨지는 '알 수 없는 주사'를 계속 맞고는 점점 더 말라가다 결국 해방을 몇 개월 남겨 둔 1945년 2월에 안타깝게 죽음을 맞습니다. 그리고 그의 시는 오랜 친구였던 강처중에 의해 세상에 알려지며 일제강점기 민족의 아픔을 노래한 우리 민족의 목소리로 자리매김하게 됩니다.

그는 '팔복'이라 불리는 마태복음 5장 말씀을 읽으면서도 식민지 국민의 슬픔을 떠올렸나 봅니다.

슬퍼하는 자는 복이 있나니
슬퍼하는 자는 복이 있나니
슬퍼하는 자는 복이 있나니
슬퍼하는 자는 복이 있나니
슬퍼하는 자는 복이 있나니
슬퍼하는 자는 복이 있나니
슬퍼하는 자는 복이 있나니
슬퍼하는 자는 복이 있나니

저희가 영원히 슬플 것이요.

('팔복' 전문, 윤동주)

성경말씀대로라면 슬퍼하는 자는 복을 받아야 하지만 이 시는 영원히 슬플 것이라고 합니다. 슬플 수밖에 없는 민족의 앞날을 처절하게 보여준 것입니다. 윤동주는 의로운 삶을 살기 위해 철저히 슬퍼하며 고민하며 살았습니다. 그리고 의롭게 하늘나라로 떠났습니다. 그를 의롭게 살게 한 하나님, 그리고 그를 의롭게 죽을 수 있게 한 조국과 민족. '민족시인 윤동주'를 만든 것은 바로 예수님이 가르쳐주신 정의로움을 끊임없이 찾아가려는 그의 삶의 자세가 아니었을까요?

부조리한 세상과의 '정면승부'는 내가 가진 그 어떤 조건이나 능력을 통해서가 아니라 내 안에서 시작되는 끊임없는 '고민'들로 삶의 의로움을 찾아갈 때 시작됩니다. 하나님의 나라와 그 의를 구하기 위한 우리의 끊임없는 고민이 우리가 살아가는 세상을 조금씩 더 아름답게 만들고, 하나님이 보시기에 좋은 세상으로 만들어 갈 수 있으리라 믿습니다.

낙서일기

별을 노래하는 마음으로
모든 죽어가는 것을 사랑해야지
그리고 나한테 주어진 길을
걸어가야겠다.

예수님처럼,

모든 죽어가는 것을 사랑해야지......

그리고 나한테 주어진 길을...

1. 스물네 번째 수다, '의에 살고, 의에 죽다'는 하나님의 의를 찾아가는 삶에 대해 이야기했습니다. 의롭다는 것은 어떤 것일까요? 생각해봅시다.

----

2. 시집 『하늘을 우러러 한 점 부끄럼 없기를』을 읽고 느낀 점을 이야기해 봅시다. 공감이 가는 시나 이해할 수 없는 시, 인상 깊었던 시에 대해 여러 사람과 이야기 나눠 보세요.

----

3. 윤동주의 시집에는 '자화상'이란 제목의 시가 있습니다. 자신
을 돌아보며 끊임없이 고민하고 갈등하는 시인의 내면이 보이
는 시입니다. 나는 나의 삶을 돌아볼 때 어떤 사람이라고 생각
되나요? 나를 한 문장으로 표현해보세요. 그리고 미래의 나를
한 문장으로 표현해보세요.

---

4. 어떤 직업을 가지고 삶을 사느냐보다 더 중요한 것은 어떻
게 사는가 하는 것입니다. 나는 어떤 삶을 살고 싶은가요? 내
가 추구하는 삶의 가치, 삶의 즐거움, 삶의 모습을 이야기 나
눠 보세요.

닫는 글

끝내면 안 되는 수다

남자들은 이해 못하는 여자들의 세계에 대해 이야기하며 종종 등장하는 것이 '수다'에 관한 것입니다. 전화로 한 시간을 이야기 하다가 "응. 카톡 할 게."하고 끝내는 여자들을 남자들은 도저히 이해하지 못하지요. 여자들은 다시 무한 반복의 카톡을 하며 수다를 떱니다.

선생님은 우리의 수다도 이렇게 끝이 나지 않았으면 좋겠습니다. 세상살이에 대해 고민하고, 예수님에 대해 생각하고, 하나님의 사람으로 살아가는 길을 자꾸자꾸 이야기하며 고민했으면 좋겠습니다. 모두 다 같을 수 없는 나만의 독특한 삶을 살아가고 있다 하더라도 함께 생각하며 답을 찾아갈 때 우리의 삶은 깊어지고 넓어질 수 있을 것입니다.

〈문답 예수〉가 그렇게 함께 가는 길에 시작이 되길 간절히 기도하며 수다를 떨었습니다. 〈문답 예수〉와 함께 한 수다를 끝낸 바로 이 순간부터 다시 '끝내면 안 되는 수다'를 계속 이어가길 간절히 간절히 기도합니다. 카톡할게요.

도서출판 이비컴의 실용서 브랜드 **이비락** 은 더불어 사는 삶에 긍정의 변화를 줄
유익한 책을 만들기 위해 최선을 다합니다.

원고 및 기획안 문의 : bookbee@naver.com